Lothar Röhrig

Ruin oder Erneuerung?

Wir haben es in der Hand, aber nicht im Verstand

Wege zu einer menschengerechteren Gesellschaft

© 2019 Lothar Röhrig; zweite <u>verbesserte</u> Auflage
Lektorat: Petra von der Linde
Teilkopien für Fortbildung sind erwünscht
Herstellung und Verlag: BoD - Books on Demand, Norderstedt
ISBN: 978-3-7528-3453-6

1

Lothar Röhrig, 1946 in Hamm geboren, machte eine Lehre als Buch-
drucker, studierte Verwaltungsrecht und später Psychologie. 1996 pro-
movierte er an der Universität Essen. Er absolvierte zahlreiche Ausbil-
dungen, unter anderem in den Bereichen Verhaltenstraining, Konflikt-
und Problemmanagement, Stressbewältigung, Supervision und NLP. Er
arbeitete unter anderem als Dozent für Psychologie, Trainer, QMA,
QMB, Supervisor, Mediator, Coach und Therapeut. Seit 1994 war er als
Qualitätsmanager bei der Polizei Nordrhein-Westfalen tätig. Zurzeit arbeitet er im Bereich Opferschutz und als Berater, Therapeut, Mediator
und Konfliktmanager.

Inhaltsverzeichnis   - Herzlich willkommen!

Teil 1

Wo stehen wir?

Teil 2:

Wenn zu viel nicht mehr genug ist

Entsolidarisierung ist gefährlich
Natürliche Ursachen für unsere ungünstige Haltung
Zwingt uns unsere Psyche zu solch einem Verhalten?
Ich-Stärke fördern
Neid ist leider auch angeboren
Hoffnungen
Wohlstandsillusion und neue Wirtschaftsordnung
Reichtum ist ein Problem
Verabschiedung vom Wachstumsgedanken

Teil 3:

Überfordert, ausgebrannt und krank: Was das moderne Leben mit der menschlichen Psyche macht

Entfremdung und Vereinsamung
Die Anforderungen steigen
Ist Therapie eine Hilfe?
Krankheitsdauer und Frühverrentung
Ist Arbeitszufriedenheit eine Lösung?
Freiheit oder Abhängigkeit?
Wir verursachen narzisstische Störungen
Es wird also Zeit
Wir haben das Potential
Veränderung ist nicht leicht, aber möglich

Teil 4:
Nach welchen Regeln leben wir?

Welcher Nutzen steckt hinter Rangordnungen?
Warum bilden sich überhaupt soziale Formen?
Herden haben einen Chef
Der menschliche Herdentrieb
Der Mensch ist in allen Formen zu Hause
Unsinnigkeit durch Vermischung
Psychischer Druck veranlasst Rückentwicklung
Eine neue Zukunft entsteht
Wie könnte eine menschengerechtere Form aussehen?
Was heißt das für das eigene Zukunftsverhalten konkret?
Mehr Zufriedenheit, Glück und Selbstverwirklichung?

Teil 5:

Praktische Optionen für den Weg in eine menschengerechte, zufriedene und selbstbestimmtere Zukunft

Ziele entwickeln, um neue Perspektiven zu eröffnen
Menschengerechter zuhören
Senden Sie Klartext
Gewaltfreie Kommunikation erlernen
Nicht mehr bewerten
Abschied nehmen von unnötiger Gewalt
Was ist Natur? Was ist angeboren?
Eine gewaltfreie Haltung einnehmen
Keine Feindbilder zulassen
Freude und Freundlichkeit systematisch herstellen
Der fruchtbringende Moment für persönliches Wachstum
Sich selbst erkennen
Stress durch Relativierung reduzieren
Gelassener werden
Zukunftsaussichten
Lernhilfen nutzen und richtig planen

6. Teil

Verstärkende Gedanken von Zeitgenossen und Literaturtipps

Verschiedene Zeitgenossen mit Anmerkungen zu diesem Thema
Die Qualitäten des Menschen in einer neuen Gesellschaftsform
Verwendete Literatur

Herzlich willkommen!

Zukunftssicherung ist ein Thema, das uns alle zutiefst betrifft. Es freut mich sehr, dass Sie, liebe Leserin und lieber Leser, mehr erfahren möchten über Wege zu einer menschengerechteren Gesellschaft, die von Achtung und Wertschätzung geprägt ist.

Wenn Sie das Gefühl haben, dass in unserer modernen Gesellschaft und in vielen Beziehungen etwas nicht stimmt, dass wir unseren Planeten ruinieren, unseren Kindern unlösbare Probleme hinterlassen, dass zu viel Gewalt und Aggression auftritt, dass es zunehmend schwieriger ist, wirklich glücklich und zufrieden zu sein, dass Reiche immer reicher und Arme immer ärmer werden, dann sind Sie hier richtig.

Wir Menschen haben ein unglaubliches Potential, doch wir entfalten nur einen sehr kleinen Teil davon. Und leider nutzt ein Teil der Menschen seine Möglichkeiten dazu, um Schaden anzurichten, den Planeten zu vergiften, Kriege zu führen und andere auszubeuten. Das bringt uns zu der Frage: Warum TUN wir nicht endlich etwas für eine nachhaltigere und menschengerechte Gesellschaft?

Nun mögen Sie vielleicht einwenden: Was kann ein Einzelner schon bewirken? Und wie können wir das hoch gesteckte Ziel erreichen, erfüllender und selbstverwirklichender zu leben? Dazu werde ich in diesem Buch die aktuelle Situation beleuchten, theoretisches Wissen weitergeben, praktische Erfahrungen vermitteln und daraus Ideen und Entwicklungsmöglichkeiten für jeden Einzelnen ableiten.

Damit Sie wissen, was Sie in diesem Buch erwartet, gebe ich Ihnen nun einen kurzen Überblick über die wichtigsten Inhalte. Sie können gerne die einzelnen Kapitel in einer anderen Reihenfolge lesen, als im Inhaltsverzeichnis vorgesehen oder jene Abschnitte überspringen, die Ihnen bekannt vorkommen.

Im ersten Teil möchte ich das aktuelle Geschehen beleuchten: Wie gehen wir mit dem Planeten Erde um? Ruinieren wir unsere eigenen Lebensgrundlagen? Wo stehen wir zurzeit? Wie entwickeln sich wichtige Bereiche wie Klimaschutz, Ausbeutung von Ressourcen und Welternährung? Wo geht die ‚Reise‘ hin, wenn wir so weitermachen wie bisher?

Weil unser Gehirn nur das sehen und begreifen kann, was es kennt, gebe ich Ihnen im Anschluss daran einen kurzen Überblick über einige wirtschaftliche Zusammenhänge und Verflechtungen in unserem Wirtschaftssystem. Um neue Ideen zu entwickeln und persönliche Strategien zu finden, ist es wichtig, zunächst einmal den Status quo gut zu kennen. Nur so kann ein fundiertes persönliches Urteil entstehen und ein anderer Weg entdeckt und gegangen werden.

Was erwartet die Menschen auf lange Sicht, wenn es keine konstruktiven Verbesserungen gibt? Wie kommt die menschliche Psyche mit den aktuellen Entwicklungen klar? Nach welchen Regeln leben wir eigentlich? Gibt es nichts Besseres? Was muss ich dazu wissen und können? – Darum geht es im dritten Teil des Buches.

In Teil 4 und 5 des Buches stelle ich Ihnen alltagstaugliche Optionen vor, die Sie, liebe Leserin und lieber Leser, dazu nutzen können, um sich mit mehr Effizienz und mit erweiterten Kompetenzen - privat wie beruflich - auf den Weg in eine bessere Zukunft zu begeben. Alle vorgestellten Tools sind wissenschaftlich fundiert, praktisch erprobt und als individuelle **Anregung** und **persönliche Einladung** zu verstehen.

Lesen Sie, probieren Sie aus, vertrauen Sie auf Ihr Gespür und nutzen Sie das für Sie Richtige. Sie besitzen alle notwendigen Erfahrungen für diese Entscheidungen. Schon das sorgfältige Umsetzen einzelner Vorschläge kann eine durchschlagende Wirkung haben. Wenn viele andere dann Ihrem Beispiel folgen, vielleicht, weil Sie ein gutes Modell abgeben, wird sich wirklich etwas verändern. In diesem Sinne: Einen Versuch ist es allemal wert, deshalb herzliche Einladung zum Auswählen und Ausprobieren!

Jeder Fortschritt beginnt mit drei Buchstaben:

T U N

Viel Erfolg für Sie und für uns alle

Lothar Röhrig

Teil 1:

Wo stehen wir heute?

Klimakatastrophe, Überbevölkerung, Massenkonsum – befindet sich die Welt am Rande eines Abgrundes? Um zu begreifen, wo wir eigentlich stehen und wohin die ‚Reise' geht, werfe ich zunächst einmal einige Schlaglichter auf das aktuelle Geschehen auf unserem Planeten.

Auf dem Weg in die Katastrophe

Viele Menschen machen sich begründete Sorgen um den Planeten Erde. Etliche Wissenschaftler gehen davon aus, dass wir einer unausweichlichen Katastrophe entgegengehen. Eine große Zahl Besorgter mahnt unermüdlich immer wieder an, endlich etwas zu verändern. So zeigt beispielsweise der englische Wissenschaftler Stephen Emmott[1] auf der Grundlage vieler Daten, dass wir ohne deutliche Verhaltens- und Konsumänderungen dem sicheren Ruin und einem nicht mehr beherrschbaren Untergang entgegengehen.

Führt die Menschheit ihren eigenen Untergang herbei?

Der Planet wird es wahrscheinlich - wie schon in der Vergangenheit - überleben. Der Mensch möglicherweise nicht so ohne weiteres. Gefährlich erscheint mir, dass wir zielsicher auf einen unbekannten Punkt zusteuern, an dem das ganze System auseinanderzubrechen droht. Wann das ist, wissen wir nicht, aber unzweifelhaft wird es diesen Punkt geben. Biologen warnen schon lange, dass die Menschheit ihren eigenen Untergang herbeiführen wird. Wir sind leider darauf programmiert, zunächst an unsere individuellen Interessen zu denken und nicht an die Zukunft der gesamten Menschheit. Wir denken an heute, nicht an morgen. Können wir uns das weiterhin noch erlauben?

Zunahme der Weltbevölkerung

Vor 50 Jahren lebten drei Milliarden Menschen auf der Erde, heute sind es bereits mehr als sieben Milliarden. Prognosen zufolge wird die Weltbevölkerung bis 2050 auf mindestens 9-10 Milliarden anwachsen. Ende des 21. Jahrhunderts könnten es 28 Milliarden Menschen[2] sein. Zurzeit vermehren wir uns täglich um ca. 220 000 Menschen und jährlich um 82 Millionen. Indizien deuten zwar darauf hin, dass sich der Bevölkerungszuwachs aus unterschiedlichsten Gründen, beispielsweise durch Bildung, verlangsamen wird. Dennoch wird die Ernährung aller Menschen - trotz technischer Fortschritte - schon bei einer Weltbevölkerung von 10 Milliarden nicht mehr richtig funktionieren.

---

[1] Stephen Emmott, *Zehn Milliarden, 2013*
[2] Ebenda S.19 + DSW Deutsche Stiftung Weltbevölkerung, et al

Ackerflächen werden durch Klimawandel, Erosion und Vergiftung kontinuierlich verkleinert. Unvorstellbarer Hunger droht in Zukunft. Das werden die betroffenen Menschen vermutlich nicht einfach hinnehmen, sondern Millionen werden aus ihrer Heimat fliehen und dabei notfalls Gewalt anwenden, um ihr Überleben zu sichern. Das heutige „Flüchtlingsproblem" erscheint dagegen lächerlich unbedeutend. Die wirklichen Konflikte kommen erst noch. Schon jetzt warten 6-10 Millionen Menschen darauf, nach Europa zu fliehen. Man schätzt, dass ungefähr eine Milliarde Menschen sich wünschen, so leben zu können wie wir Europäer[3]. Was soll aus diesen Wünschen werden?

Abgesehen davon setzt uns die große Bevölkerungsdichte in vielen Regionen der Welt schon heute enormen psychischen Belastungen aus. Wenn Sie in einer Großstadt mit der S-Bahn an einem Tag zur Arbeit fahren, treffen Sie dabei mehr Menschen, als ein Mensch im Mittelalter in seinem ganzen Leben gesehen hat. Die damit verbundene Unruhe, Unsicherheit, Enge, Überforderung und der Stress können Rückzugsgedanken, Distanz, Gleichgültigkeit, oberflächliche Beziehungen, unnötige Aggressionen, ein Anwachsen der Kriminalität und viele andere unerwünschte Effekte verursachen.

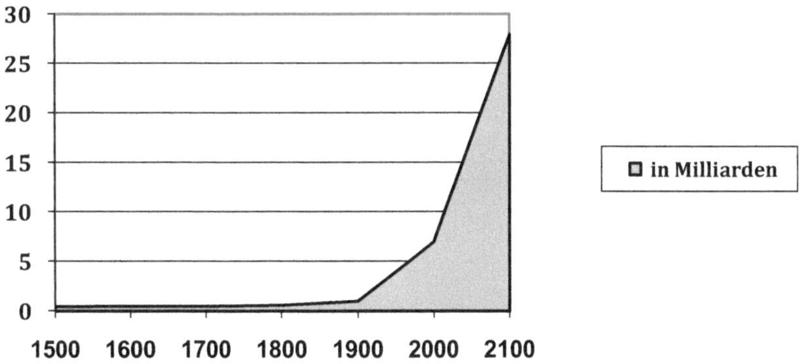

Abb. 1: Die Weltbevölkerung wird rasant zunehmen.

Ernährung der Menschen

Die Erde wird aktuell zu ca. 40% agrarwirtschaftlich genutzt. Mehr geht nicht so ohne weiteres. Denn: Der Rest ist entweder bebaut oder landwirtschaftlich kaum nutzbar. Es sind Wüsten, Eis, Gebirge und Regenwälder. Hinzu kommt, dass ein signifikanter Teil der

---

[3] Schätzungen z.B. St. Emmott, Deutsche Stiftung Weltbevölkerung DSW

landwirtschaftlich nutzbaren Flächen durch Klimawandel, Überdüngung, Vergiftung und Erosion ruiniert worden ist. Jährlich gehen durch Versteppung ca. 20 Millionen Hektar fruchtbarer Boden verloren. Zusätzlich versiegeln wir immer mehr Flächen. Resistente Schädlinge sind auf dem Vormarsch. Die nutzbaren Möglichkeiten und Flächen schrumpfen.

Großkonzerne, Geldfonds und einige Staaten kaufen jetzt schon vorsichtshalber riesige Gebiete in Afrika auf. Die Probleme sind also bekannt, werden jedoch nicht großflächig publiziert und wahrgenommen. Auch das Meer mit seiner unglaublichen Artenvielfalt bietet keine ausreichende Hilfe für die Lösung der anstehenden Ernährungsprobleme. Zur Erzeugung einer Tonne Fisch benötigt man ein Vielfaches an natürlichem Futter – noch viel mehr als für Landtiere, die große Mengen an Pflanzen verbrauchen – Pflanzen, die wir auch direkt selbst essen könnten. Der größte Teil der Meere ist leer gefischt und belastet. Die Bestände sind ernsthaft bedroht und Tonnen von Plastikmüll und Gift sammeln sich in gigantischen Müllwirbeln.

Plastikmüll im Meer
Derzeit gelangen jährlich 9 - 12 Millionen Tonnen Plastik ins Meer, mit steigender Tendenz[4]. Der nordpazifische Plastikwirbel ist mittlerweile größer als Mitteleuropa. Mehrere Schätzungen gehen von 150 Millionen Tonnen Plastik in unseren Meeren aus. Im Jahr 2050 könnte in den Meeren die Menge an Plastik die Gewichtsmenge der Fische übersteigen. Selbst wenn diese Entwicklung jetzt gestoppt würde, müssten wir mehrere Jahrhunderte warten, bis die Zustände sich wieder normalisiert hätten.

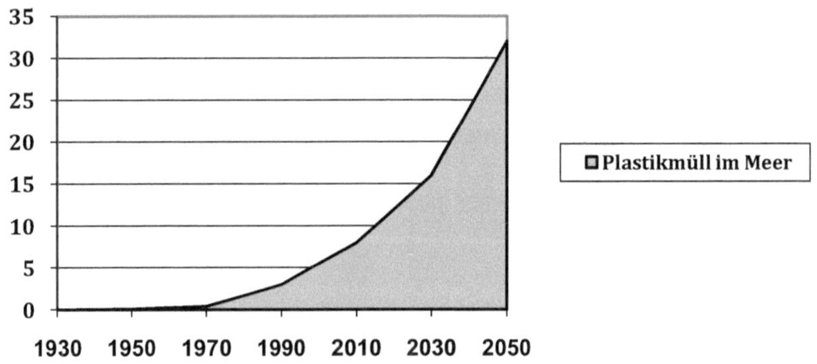

Abb. 2: Jährliche Plastikeinbringung ins Meer in Millionen Tonnen

---

[4] Oceancare.org, greenpeace.de, nabu.de

10

Dabei sind die größeren Plastikteile gar nicht das schlimmste Problem. Viel unbeherrschbarer sind die Mikrostücke, beispielsweise aus Zahnpasta und Kosmetika, die sich in unglaublichen Mengen am Meeresboden ansammeln. Sie sind so klein, dass sie über die nächsten Jahrhunderte durch die Nahrungskette wieder auf unserem Teller landen werden. Es gibt mittlerweile <u>keinen</u> Bereich auf der Welt, an dem kein Mikroplastik auftaucht. Selbst in „reinen Quellen" finden sich Nano- oder Mikropartikel, sowie in jeder Flasche Mineralwasser. Sie befinden sich in jedem Fisch und letztendlich in all unserer Nahrung. Ca. 80% der Quallen und Vögel haben schon Plastikpartikel im Magen. Viele verhungern deshalb. Keiner weiß genau, was das noch für Folgen hat oder noch haben wird.

Artensterben

Das Artensterben auf unserem Planeten hat ein nie dagewesenes Ausmaß angenommen. Jährlich gehen 11 bis 58 Tausend Arten verloren. Wir sind derzeit Zeugen des sechsten Massensterbens auf diesem Planeten[5]. Die Umweltkatastrophe, die die Dinosaurier und viele andere Arten ausgerottet hat, war nicht so gravierend wie der moderne Mensch mit seiner Gier und Sorglosigkeit. Wir Menschen lösen größere Katastrophen aus.

Es gibt Gebiete, in denen keine Biene mehr lebt und die Menschen mit der Hand die Bestäubung übernehmen müssen (z.B. in Teilen von China).

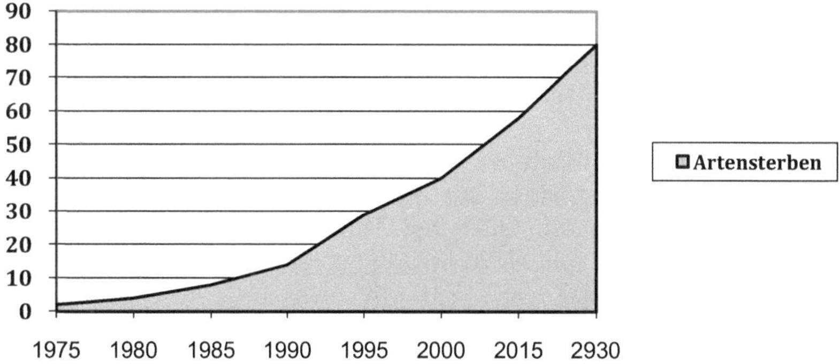

Abb. 3: Artensterben in Prozent

Zurzeit sterben ungefähr tausendmal so viele Arten aus, wie sich neue bilden, seit 1975 mehr als 50% insgesamt und 60% aller Wirbeltiere. Die

---

[5] Spiegel online Nov 2017, Zeitschrift Cience, ökosystem-erde.de

Zahl der Insekten hat sich in den westlichen Ländern um ca. 80% reduziert. Viele Vögel finden nicht mehr ausreichend Nahrung. Ihre Zahl ist ebenfalls um diesen Prozentsatz zurückgegangen.

Verringerung des Regenwaldes

Der dringend benötigte Regenwald nimmt durch Rodung in unglaublicher Geschwindigkeit ab. Man hat eine jährliche Abnahme von ca. 54 000 km^2 errechnet. Überwiegend wird abgeholzt, um Weideflächen und Futter für die Rinderzucht zu gewinnen oder Palmöl zu gewinnen. Die unaufhaltbare Abnahme des Regenwaldes verschlechtert unser Klima in nicht abschätzbarer Weise. Das ist seit Jahren bekannt. Doch Rindfleisch ist eben sehr begehrt.

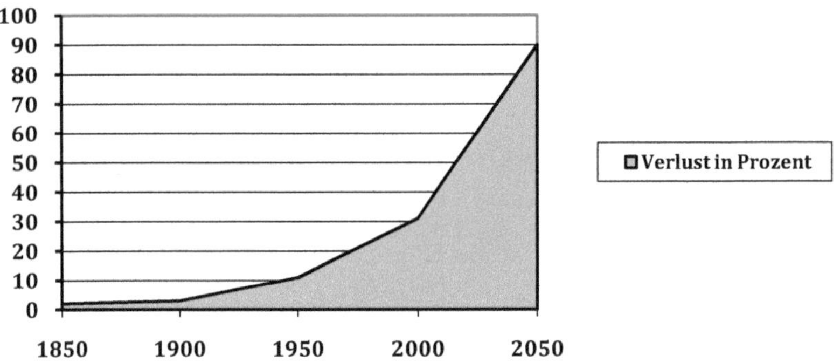

Abb. 4: Verlust des Regenwaldes in Prozent

Massentierhaltung

Bei der Schweinezucht sieht es nicht besser aus. In einigen Gebieten fällt dabei so viel Gülle an, dass sie örtlich nicht mehr verarbeitet werden kann. Dort fängt man an, Gülle mit Tankwagen in andere Gebiete zu verbringen. Insgesamt fällt allein in <u>Deutschland</u> jährlich Gülle und Mist in einer Menge von 309 522 716 m^3 an. Das entspricht 100.000 olympischen Schwimmbecken[6]. Es ist eine unvorstellbare Menge, die zum Teil unsere Brunnen und das Trinkwasser verseucht.

Treibhausgase

Die Erde wird in den nächsten Jahrzehnten um <u>mehr</u> als 2°C an Temperatur zunehmen, meinen viele Wetterexperten. Das lässt sich

---

[6] riskaqua.de, klimaretter.info et al

vermutlich nicht mehr verhindern, weil es ihrer Meinung nach schon zu spät ist. Einige Politiker und Physiker stellen das in Abrede. Auf Kongressen werden Reduzierungen versprochen und beschworen, die erforderlichen Maßnahmen bleiben aber weitgehend aus. Fest steht: Der seit Jahrtausenden bestehende Höchstwert von ca. 280 ppm (zu Deutsch „Teile von einer Million"= Millionstel) wird deutlich überschritten. Die Treibhausgase nehmen trotz aller Versprechen und Bemühungen weiter zu.

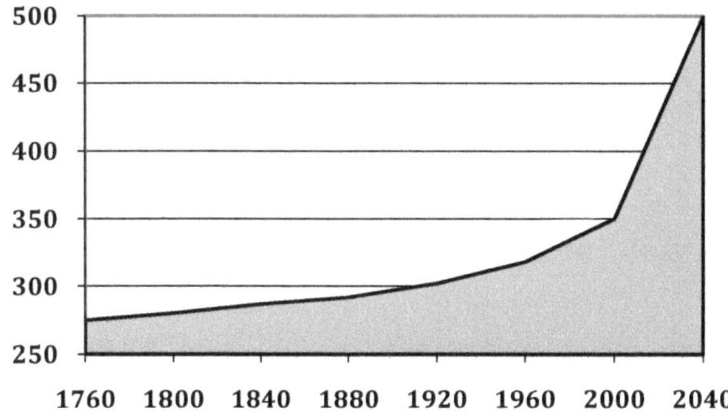

Abb. 5: Anteile in der Luft an Treibhausgas CO2

Die Kohlendioxidkonzentration liegt aktuell im Durchschnitt bereits über 400 ppm[7] und hat erstmals die Marke von 410 ppm überschritten. Damit waren von einer Million Teilchen Luft 410 Teile Kohlendioxid. Fest steht auch, dass die Erde sich schon um ca. 0,8 Grad Celsius erwärmt hat. „Die zwanzig Jahre mit der höchsten Durchschnittstemperatur in den letzten 150 Jahren entfallen alle auf den Zeitraum 1990 bis 2015. Und wahrscheinlich waren die Jahre 1983 bis 2012 die wärmste 30-Jahr-Periode der Nordhemisphäre der letzten 1400 Jahre."[8]. Nach Ansicht von Wetterexperten wird das nicht das Ende sein. Die Naturkatastrophen werden sich häufen, an Gewalt zunehmen, die Wüstenflächen werden größer und die Herstellung notwendiger Nahrung wird noch weiter erschwert werden. Damit werden die Wüstenbewohner und die Betroffenen der Naturkatastrophen gezwungen, zu flüchten oder zu verhungern. Es besteht zusätzlich die nicht kalkulierbare Gefahr, dass ein Dominoeffekt eintritt. Wenn die Erwärmung zunimmt, werden auch andere Effekte ausgelöst, wie zum Beispiel eine Vermehrung der viel wirksameren Wasserdampfteile in der wärmeren Luft oder das vermehrt austretende Mangan. Das kann dazu führen, dass das ganze System schließlich umkippt.

---

[7] www.scinexx.de: 400 sind das neue Normal. Die „alten" Messungen erfolgten mit Luftblasen im Ur-Eis

[8] Bundeszentrale für politische Bildung, 2017

Einige Physiker sind zwar nicht beunruhigt, weil die stattfindenden Veränderungen nach wissenschaftlichen Rechenmethoden nicht signifikant, sondern sehr gering und langsam sind. Es gibt bei allen Veränderungen aber einen sehr hohen Zusammenhang (> 80%) zur Sonnenaktivität, aber so gut wie keine Korrelation zur CO2-Anreicherung. Anscheinend gibt es keine tragfähigen Beweise dafür, dass die Anreicherung bisher einen gesicherten Einfluss auf die Temperatur gehabt hat. Obwohl es weiterhin eine Zunahme gibt, hat die Erderwärmung in den letzten Jahren nicht vergleichbar zugenommen. Rechnerisch ergibt sich angeblich sowieso nur ein Höchsteinfluss des Menschen von ca. 3%. Wettermodellrechnungen mit einigen Zusatzannahmen ergaben allerdings schon eine Signifikanz[9]. Geht man *mehrere* Jahrhunderte zurück, also nicht wie die Kritiker nur bis 1850, kann die Erwärmung durchaus eine normale Schwankung der Sonnenaktivität sein. *Es ist offensichtlich eine Glaubenssache. Wir wissen es noch nicht genau, beides kann richtig sein.*

Exkurs: Eine andere Sicht auf die Dinge
Es gibt eine andere Sicht auf diese Dinge, die es ermöglicht, das Dilemma der Entscheidung zwischen widersprüchlichen Ansätzen aufzulösen. Stellen Sie sich dazu bitte folgendes vor: Sie stehen mit Ihrer Familie vor einem See. Ein Experte zur Ihrer Rechten sagt: *„Der See ist tief zugefroren, Sie können ihn ungefährdet überqueren."* Der Experte zur Ihrer Linken warnt: *„Es ist höchstwahrscheinlich, dass das Eis in der Mitte zu dünn ist, Sie sollten diese Gefahr nicht eingehen."* Das entspricht ungefähr den beiden zuvor diskutierten Glaubenssätzen. Was machen Sie? Welche Alternative wählen Sie? Vernünftige Menschen würden wohl um den See herumgehen. Mit anderen Worten: Sie setzen sich der möglichen Gefahr gar nicht erst aus. Jene, die noch weiterdenken, kommen vielleicht auf eine andere Idee im Sinne dieses Buches. Sie stellen sich grundsätzliche Fragen: *„Müssen wir überhaupt auf die andere Seite?"* - *„Müssen wir alles mitmachen?"* – *„Sollten wir nicht viel mehr darauf bedacht sein, alles Gefährliche zu vermeiden?"*

Autoproduktion
Katastrophen zeichnen sich auch in der Produktion ab. So nimmt beispielsweise die Herstellung von Autos in einem irrationalen Ausmaß zu. Das sollte auf keinen Fall so weitergehen. Denn: Der Herstellungsprozess bedingt einen unerhörten Raubbau an Wasser und

---

[9] Das würde heißen, dass der Mensch mit mehr als 95%-Sicherheit diesen Einfluss ausgelöst hat.

Rohstoffen. Die tatsächlichen Kosten für ein Auto sind also nicht die, die wir im Handel bezahlen, sondern sie reichen um ein Vielfaches darüber hinaus. Und sie betreffen uns alle, weil es dabei um Umweltvergiftung, Ressourcenvernichtung und Klimaveränderung geht. Solche „externen" Kosten werden noch niemandem in Rechnung gestellt. Irgendwann werden wir diese Zeche jedoch zahlen müssen.

Wem das nicht erschreckend genug erscheint, der vergegenwärtige sich, dass die zunehmende Anzahl von Autos zwangsläufig zu einer weiteren Zunahme des Verkehrs führen wird. In vielen Bereichen wird man gar nicht mehr fahren können, sondern nur noch im Stau stehen. Dann müssen wir wohl alle fliegen?

Das Unglaubliche dabei ist, dass durch die Mehrproduktion nicht mehr Arbeitsplätze geschaffen wurden. Wir stellen in den letzten Jahren zehnmal so viele Autos mit nahezu gleicher Personalzahl her[10].

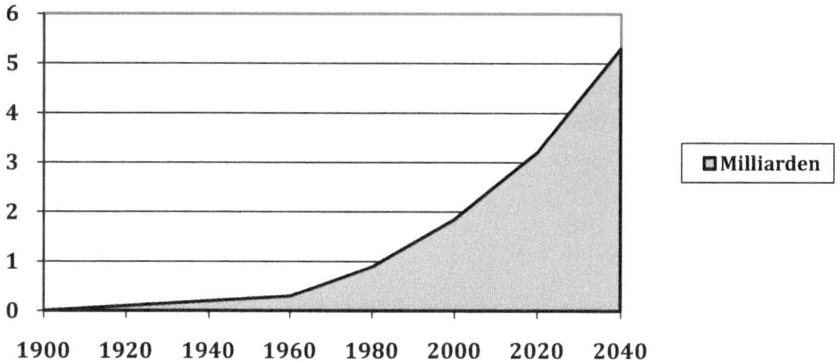

Abb. 6: Zahl der Autos, die hergestellt werden

Flugverkehr

Der Flugverkehr nimmt in ähnlichen Dimensionen zu. Allein in Deutschland stieg der Umsatz der Fluggesellschaften von 7,9 Milliarden (1995) auf über 40 Milliarden Euro und es ist kein Ende abzusehen. Es wird sogar damit gerechnet, dass der Zuwachs sich noch beschleunigen wird. „Der Flugverkehr wächst so stark wie kein anderes Verkehrsmittel. Diese Entwicklung ist nicht nur in Deutschland, sondern auch in der EU und weltweit zu beobachten. In der EU beispielsweise nahm die Verkehrsleistung zwischen 1990 und 2003 um etwa 70 Prozent oder jährlich um gut 4 Prozent zu."[11] Welche Auswirkungen das auf die Umwelt haben wird, kann sich wohl jeder unschwer vorstellen.

---

[10] Fairkehr-maganzin.de

[11] Bundesministerium für Umwelt , Naturschutz, Bau und Reaktorsicherheit

Wasserverbrauch

In absehbarer Zeit wird Wasser noch knapper sein. Schon heute haben ca. 2,3 Milliarden Menschen keinen Zugang zu sauberem Wasser[12]. Es erscheint mir wahrscheinlich, dass aus diesem Grund in Zukunft Kriege geführt werden. An der rasanten Zunahme des weltweiten Wasser-Jahresverbrauchs kann man erkennen, dass wir etwas verändern müssen. Dazu wird häufig proklamiert, der Zugang zu sauberem Wasser solle eine Art Menschenrecht sein. Das halte ich für eine unehrliche Phrase. Denn: Konzerne und Fonds versuchen weltweit Wasserwerke, Rechte, Stauseen, Brunnen, Leitungen usw. systematisch aufzukaufen, weil sie genau wissen, dass mit der kommenden Wassernot viel Geld zu verdienen sein wird. Keiner hindert sie daran. Woher die Menschen, die Wasser benötigen, dann das Geld dafür nehmen sollen, interessiert im Moment noch keinen.

Logischerweise verringern sich auch die Grundwasserreserven in unglaublichem Ausmaß, weil sehr viel für die Landwirtschaft abgepumpt wird. Es besteht schon jetzt in betroffenen Gebieten[13] keine ausreichende Möglichkeit mehr, diese Grundwasservorräte in überschaubarer Zeit wieder aufzufüllen.

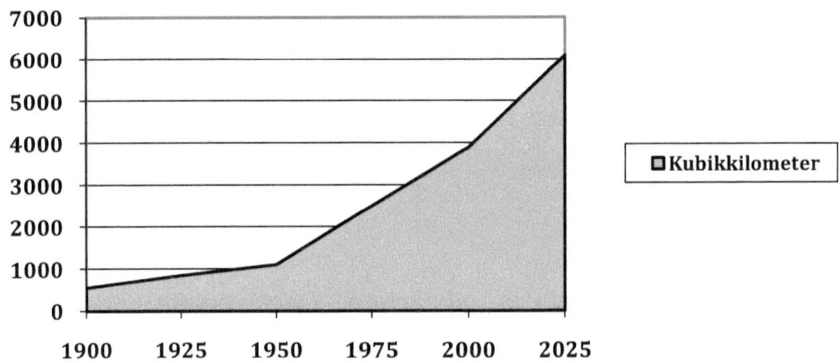

Abb. 7: Verbrauch des Wassers in Kubikkilometern

Ungleichheit des Besitzes

In keinem Land Europas ist der Reichtum so ungleich verteilt wie in Deutschland. Neue Untersuchungen zeigen z.B.: Die Reichsten ein Prozent der Haushalte in Deutschland besitzen 33 Prozent der Vermögen. In Spanien oder Frankreich ist z.B. Wohlstand, Wohnungseigentum usw. et-

---

[12] BROT für die Welt: Die Welt im Wasserstress, 2017

[13] Z.B. in Südspanien

16

was gleichmäßiger verteilt. Im Jahr 2017 berechnete Oxfam, das die reichsten <u>62</u> Milliardäre zusammen über mehr Vermögen verfügen als die ärmere Hälfte der Weltbevölkerung[14]. Daran wird sich nichts ändern, vermutlich wird es noch krasser. So ergeben sich nahezu die gleichen Bilder wie bei den bisherigen Betrachtungen. Alle ähneln einem liegenden Golfschläger, deshalb werden diese Abbildungen auch so genannt.
Die Zukunft sieht so gesehen nicht gut aus.

Das reichste Prozent der Menschheit besitzt mehr als 50% des Weltvermögens, zehn Prozent ca. 66%. Noch deutlicher wird es an der Spitze: Das oberste Promille (das sind ungefähr 40.000 Haushalte) hält mehr als 17 Prozent des Reichtums.

In Deutschland sind es auch nur ca. 8%, denen mehr als fünfzig Prozent des Vermögens gehören. Die reichsten 45 Deutschen besitzen ca. so viel, wie die ärmere Hälfte. Wie ungleich die Verteilung ist, zeigt auch die Gegenrechnung: Die ärmere Hälfte der Deutschen besitzt gerade einmal 2,5 Prozent der Vermögen[15]. Wie obszön das ist, kann man an einem eindrucksvollen Beispiel erkennen: Wenn in einen vollbesetzten Bus der schwerste Mann Deutschlands einsteigt, erhöht sich der Gewichtsdurchschnitt um 4-5%. Steigt aber der reichste Mann Deutschlands ein, so erhöht sich der Durchschnitt des Einkommens um ca. eine Million Prozent.

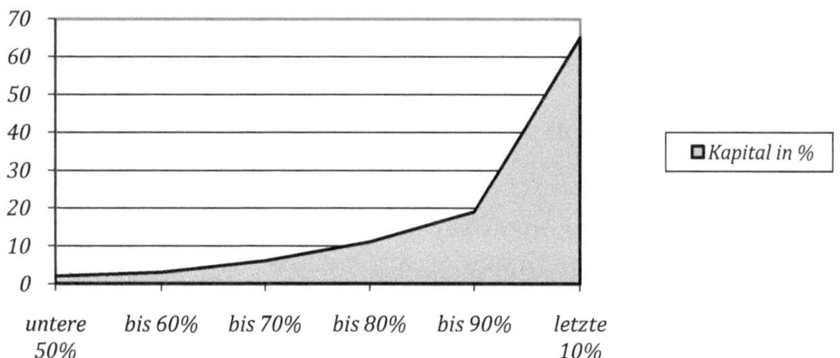

Abb. 8: Verteilung des vorhandenen Kapitals

---

[14]Nicollai Kwasniewski, in Spiegel Online und https://www.oxfam.de/system/files/20170116-oxfam-factsheet-wirtschaftssystem-fuer-alle.pdf
[15] Deutsches Instituts für Wirtschaftsforschung (<u>DIW</u>).
2017, OXFAM : 8% besitzen mehr als >50% des Reichtums
https://www.oxfam.de/system/files/20170116-e   Gewicht   der   oxfam-factsheet-wirtschaftssystem-fuer-alle.pdf

Das Abstoßendste aber ist für mich, die Gleichgültigkeit der meisten Politiker, über die Tatsache, dass die vielen Millionen „Normalverdiener" (also nicht nur die Leiharbeiter oder Niedriglohnempfänger), nach mehr als 40 Jahren Einzahlung in die Rentenversicherung von ihrer dann ausgezahlten Rente nicht werden leben können und dass in einem der reichsten Länder der Welt. Das ist einfach unglaublich und kann nur erklärt werden, mit der egoistischen Tatsache, dass es keinem der Politiker so ergehen wird.

Die Tendenz der ungleichen Verteilung zeigt sich auch in anderen Ländern und es wird deutlicher und schlimmer. Immer wenn Kapital mehr einbringt als Arbeit, wachsen die Vermögen in den Himmel[16]. Das Kapitaleinkommen hat aktuell einen Anteil von ca. 50% angenommen. Also sind die leistungslosen Einkünfte ungefähr genauso hoch, wie die durch Arbeit, obwohl es kaum noch Zinsen gibt. Ungerechterweise werden diese dann auch noch geringer besteuert als Arbeitseinkommen, wenn die Steuern nicht sowieso schon stark reduziert nur in Steueroasen anfallen.

Marktwirtschaft und Kapitalismus hatten sowieso schon immer eine starke Tendenz zur Akkumulation des Vermögens und zur Anhäufung von Schulden, das ist systemimmanent. Es führt dazu, dass wir die Verursacher der letzten Finanzkrise belohnen und die Ärmeren und Schuldlosen bestrafen. Das bedeutet im Klartext, eine Minderheit wird belohnt und eine Mehrheit von Steuerzahlern bestraft. Aus dieser Sicht ist es auch logisch, dass man mit einer Krise noch Geld verdienen kann, vor allem wenn man auf Preisentwicklung wettet. Es ist klar, das alles widerspricht zwar eindeutig unserem Gerechtigkeitsgefühl, hält uns aber gleichzeitig aus unklaren Gründen ab, etwas zu unternehmen oder uns zu wehren.

Kleinbauern oder Großkonzerne?
Dreiviertel der gesamten Nahrung wird weltweit von Kleinbauern hergestellt. Das vergessen wir häufig. Der Rest, von den Großen mit Chemie, Gift und anderen Hilfsmitteln produziert, verursacht unverhältnismäßig viele Belastungen und einen hohen Ressourcenverbrauch. Kleinbetriebe mit vielen Mischkulturen sind bezogen auf die Erträge erheblich produktiver und benötigen nur sehr wenig chemische Hilfsmittel. Sie verbrauchen auch erheblich weniger Ressourcen.

Agrarökologische waldähnliche Anbaumethoden haben einen noch größeren Ertrag und kommen ohne jede chemische Intervention und in der Regel auch ohne Zusatzwässerung aus. Eine schwerpunktmäßige Unterstützung dieser kleineren Einheiten könnte Arbeitsplätze vermehren, eine

---

[16] 2016, Thomas Piketty, Der Kapitalismus des 21. Jahrhunderts

Möglichkeit liefern, erheblich mehr Nahrungsmittel zu produzieren und dem Hunger in der Welt etwas Zukunftssicheres entgegensetzen[17].

Einen Euro, den man in der eigenen Region ausgibt, hat einen zwei- bis viermal wirksameren Einfluss auf die heimische Wirtschaft und die dortigen Arbeitsplätze, als ein Euro für einen Konzern. Der örtlich investierte Euro stärkt die Gemeinschaft und unterstützt das heimische System[18]. Zusätzlich werden Transportkosten und Umweltbelastungen verringert. Deshalb versuchen mittlerweile sogar einzelne Städte das Gleiche mit einer kommunalen Währung zu erreichen, die parallel zum Euro genutzt wird. Das Geld bleibt in der Kommune und sichert Existenzen und Arbeitsplätze in diesem Gebiet. Für externe Bestellungen wird die offizielle Währung weiterhin benutzt. Es entsteht so gesehen kein Nachteil, sondern nur ein zusätzlicher Vorteil. Notwendiges Vertrauen wächst wieder. Fachleute vermuten, dies könne auch eine funktionierende Möglichkeit für überschuldete Staaten sein[19] (z.B. Griechenland).

Der Anstieg der Meerestemperatur, die Zunahme von Immissionen und viele andere Parameter steuern ohne Änderung auf einen eindeutigen Untergang zu. Das kann nur den nicht erschrecken, der das ausblendet oder nicht begreift. Doch es gibt keine Alternative: Wir müssen hinschauen und uns sofort und grundlegend ändern. Bremsen allein reicht nicht mehr. Es ist keine Frage der Wahl. Es verbleibt nur noch, den Schaden zu begrenzen.

Gemeinsam sind wir stark
Erfreulicherweise interessieren sich für die genannten Themen immer mehr Menschen. Sie sind beunruhigt, möchten den Wahnsinn nicht mehr mitmachen und wollen aktiv werden. Leider mangelt es noch in vielen Bereichen an tauglichen Ideen. Bildung und Wissen scheinen zurzeit noch das Wirksamste zu sein, um die Zukunft positiv zu beeinflussen und etwas zu verändern.

Je mehr Menschen begreifen, wo wir aktuell stehen und nicht mehr alles glauben und mitmachen, desto eher kann es Veränderungen geben. Die selbstständige Suche nach Wahrheit und Informationen ist heute erfolgreich möglich und von zentraler Wichtigkeit.

---

[17] Film: *Tomorrow* von Cyril Dion und Mèlanie Laurent
[18] G. Ester, 2013, Regionale Wachstumstheorie und selektive Industrieansiedlungspolitik
[19] Tomorrow, Beispiel vier Kommunen in England im Film

Und wie weiter?
Es wird auf gar keinen Fall so weitergehen können wie bisher. Vor 1900 besaß der Durchschnittsbürger im Durchschnitt ca. 500 Gegenstände. Heute sind es durchschnittlich zehntausend. Wer glaubt, dass das nur positiv ist, hat noch nicht viel verstanden. Nur ein wenig den Konsum einzuschränken, wird es nicht bringen. Konsum engt ein, bedrückt, macht besorgt und abhängig. (*Wer kennt es nicht, nach dem Aufräumen und Ausmisten ein befreiendes Gefühl zu erleben? Warum ist das wohl so?*)

Das können Sie TUN
Ein Einzelner kann in seinem persönlichen Umfeld kleine Schritte einleiten. Wenn viele Einzelne an vielen verschiedenen Orten viele kleine Schritte gehen, kann Wichtiges wirklich in Bewegung gesetzt werden.

- Nichts wegwerfen, sondern Gebrauchsgegenstände reparieren oder verschenken.
- Bei jeder Anschaffung genau überlegen, ob der Besitz oder die Funktion bedeutend ist und ob das wirklich sein muss.
- Möglichst auf dem Trödelmarkt oder im Second-hand-Handel kaufen.
- Gegenstände danach aussuchen, welche Lebensdauer sie haben.
- Konsequent Konsumverzicht leisten und andere dafür gewinnen.
- Nur das herstellen, was kompostierbar oder vollständig recycelbar ist.
- Weniger Fleisch konsumieren.
- Kleinbauern auf dem heimischen Markt suchen und dort kaufen.
- Agrarökologisch arbeiten oder solche Unternehmen fördern.
- In die Bildung der Kinder und Enkelkinder investieren.
- Nicht alles glauben, was gesendet und gedruckt wird.
- Waren von Konzernen möglichst vermeiden.
- Möglichst nur Waren aus der Region kaufen.
- Ortsansässige Händler und Handwerker bevorzugen.
- Nach Möglichkeit Biotope herstellen, auch auf kleiner Fläche[20].
- Versuchen Sie anderen zu helfen, erwarten Sie aber aus unterschiedlichen Gründen keinen Dank dafür.

---

[20] Wenn jede Gemeinde ein solches Gebiet ausweist, ist das Artensterben weitgehend aufzuhalten, und unsere Kinder werden daran viel Spaß haben.

Teil 2:
Wenn zu viel nicht mehr genug ist

Nun wissen Sie, liebe Leserin und lieber Leser, bereits eine ganze Menge zum Status quo auf unserem Planeten. Weil unser Gehirn nur das sehen und begreifen kann, was es kennt, gebe ich Ihnen jetzt einen kurzen Überblick über aktuelle wirtschaftliche Zusammenhänge und Verflechtungen. Um neue Ideen zu entwickeln und persönliche Strategien zu finden, ist es wichtig, zunächst einmal die Ausgangssituation gut zu kennen. So kann ein fundiertes persönliches Urteil entstehen und ein anderer Weg entdeckt und gegangen werden.

Falls Ihnen das zu theoretisch erscheint und Sie nach dem Lesen des ersten Teils voller Tatendrang sind, persönlich an sich zu arbeiten, um dadurch Ihren Beitrag zu einer menschengerechteren Welt zu leisten, können Sie gerne zunächst einmal den vierten und fünften Teil des Buches lesen. Dort finden Sie viele nützliche Informationen und Vorschläge, wie Sie z. B. Ihr Kommunikationsverhalten anders gestalten und dadurch Ihren Beitrag zu einer menschengerechteren Gesellschaft leisten können.

Fortschritt und Reichtum

Es ist unbestritten: Der Kapitalismus hat bis heute sehr viel Fortschritt und Reichtum gebracht. Die Menschen hatten 1960 zum Beispiel viermal mehr Kapital und Geld zur Verfügung als 1920[21]. Dazu war kontinuierlich ein solides wirtschaftliches Wachstum erforderlich. Es wird behauptet, Arbeit und Beschäftigung herzustellen, sowie Schulden abzutragen, funktioniert nur mit Wachstum[22]. Schulden bilden dabei angeblich den Schmierstoff der Marktwirtschaft und des Systems. Vereinfacht kann man sagen, dass es ungefähr so viel Schulden gibt, wie auf der anderen Seite Gewinn gemacht wird oder wurde. Alles, was hergestellt wird, muss auch gekauft werden. Sonst funktioniert das Ganze nicht. Um Wachstum zu ermöglichen, muss immer mehr produziert und konsumiert oder die Herstellung verbilligt werden. Das bedeutet: Menschen müssen immer mehr verdienen, um sich die zusätzlichen Dinge kaufen zu können.

Trotz vieler Schwankungen und Ungerechtigkeiten hat das jahrzehntelang einigermaßen geklappt. In unendlichen Versuchen, in schmerzhaften Verhandlungen und Tarifauseinandersetzungen konnte in der Vergangenheit alles einigermaßen in der Waage gehalten werden. Sind jedoch die Machtverhältnisse - wie heute - zu einseitig auf der Seite des Kapitals konzentriert, verlieren die Gewerkschaften erheblich an

---

[21] Hans Jörg Jakobs, 2016, *Wem gehört die Welt?*

[22] Darauf werden wir noch genauer eingehen, vor allem was dann Wachstum sein kann.

Durchsetzungsfähigkeit. Sie werden machtlos und müssen faule Kompromisse eingehen. Gleichzeitig verlieren die tastsächlich Reichen immer mehr Motiv, ihr Geld wieder zu investieren. Es lohnt sich nicht mehr.

Philosophiestreit zwischen Kapitalismus und Kommunismus
In der Zeit des alten Philosophiestreits zwischen Kapitalismus und Kommunismus fühlten viele sich verpflichtet, ständig zu zeigen, dass Kapitalismus und Marktwirtschaft die einzig richtige Richtung ist. Dafür musste es natürlich den Arbeitnehmern vorzeigbar gut gehen. Wie schnell das anders werden kann, zeigt die jüngste Geschichte.

Als die kommunistischen - oder besser gesagt - sozialistischen Staaten mit ihrem praktizierten Umsetzungsmodell scheiterten, fühlten sich die meisten Marktwirtschaftler als Sieger. Aber ihren bisherigen Weg, mit den Beschäftigten einigermaßen vorzeigbar und gerecht umzugehen, hatten sie offenbar jetzt nicht mehr so dringend nötig. Eine verschärfte Gangart wurde eingeleitet und die Art des Wirtschaftens veränderte sich nach und nach. Es wurde immer weniger investiert. Gewinne wurden mitgenommen und neue Gewinne durch Einsparungen generiert. Leiharbeit, Pseudoselbstständigkeit, Zeitarbeitsverträge und Zerstücklung der Unternehmen waren die offensichtlichen Folgen, unterstützt und zunächst mitgetragen von der Politik. Es verwundert mich nicht, dass seitdem die Tarifauseinandersetzungen ideologisch bekämpft werden und die Einkommen weitestgehend stagnieren oder nur in ungerechtem Ausmaß wachsen. Für viele bedeutet das wegen der Inflationstendenzen einen realen Einkommensverlust. Es gibt Branchen, die jahrzehntelang keine Einkommensverbesserung erhalten haben. Seit 2000 ist das reale Einkommen in nichttarifgebundenen Arbeitsverträgen sogar um 15% gesunken, obwohl die Wirtschaft gleichzeitig wächst. Im beschworenen Wachstum allgemein kann deshalb kein Segen liegen. Wir stellen tatsächlich immer mehr Waren her (wird mit dem Bruttoinlandsprodukt (BIP) gemessen). Diese Erfolge kommen aber nicht allen zugute, große Gruppen werden ausgeschlossen. Auch das kann man sich leicht erklären, weil es ebenfalls systemimmanent ist. Die Produktivitätsrate ist seit 1970 gesunken und beträgt seit 2015 nur noch weniger als 0,5%. Das kann man am einfachsten auffangen, wenn man die wertschöpfenden Arbeiter weniger bezahlt oder sie länger arbeiten lässt. Das wird angestrebt, gemacht, aber nicht an die große Glocke gehängt.

Die Bundesrepublik ist von einem ursprünglichen Hochlohnland (Mittelwert) mittlerweile wegen der vielen Niedriglöhne im europäischen Vergleich zu einem Billiglohnland geworden. Beschäftigte mit befristeten

Verträgen und Leiharbeiter können keine langfristigen Lebensplanungen entwickeln. Sie müssen ständig Angst haben, nichts mehr zu verdienen. Geld für den Kauf einer Wohnung leiht ihnen logischerweise keine Bank. Gleichzeitig wird der Fokus auf die Zufriedenheit der Aktionäre gelegt. Wie zufrieden die Mitarbeiter sind, interessiert immer weniger.

Es ist eine Situation entstanden, die unterschätzte Angst auslöst. War es bis 1970 so, dass es wie auf einer Rolltreppe ständig aufwärts ging und man auch dann „hochfuhr", wenn man nichts Wesentliches unternahm, wird es heute radikal anders *empfunden*. Es ist jetzt wie auf einer Rolltreppe, die nach unten fährt. Wenn man nichts unternimmt, fährt man runter. Um den Platz halten zu können, muss man sich „bewegen" und etwas unternehmen. Um wirklich nach oben zu kommen, muss man wirksamer sein als die Fahrstuhlgeschwindigkeit. Das beunruhigt und macht Angst vor der Zukunft und stresst. Richtig ist allerdings, dass es überwiegend nur so empfunden wird und damit eine bestimmte Realität bekommt. Realistisch gesehen fährt der Fahrstuhl immer noch nach oben, er nimmt aber nicht mehr jeden mit gleicher Geschwindigkeit mit. Das herrschende Gefühl verursacht ungesunde Angst und Unsicherheit.

Rationalisierung und Profit
Die Wirtschaft lässt nach und der Konsum bricht teilweise ein, beklagen die Verantwortlichen häufig aus der modernen Wirtschaft. Hat da jemand die Zusammenhänge nicht verstanden? Dieses selbstverursachte Phänomen wird jetzt auch noch benutzt, um Gehaltserhöhungen abzuwehren.

Der Kapitalismus lebt im Grundsatz von dem Unterschied des Herstellungswertes zum Verkaufspreis, dem Mehrwert. Den hat eigentlich zu einem nicht unerheblichen Teil der Arbeiter erwirtschaftet und nicht der Kapitalbesitzer. Je geringer der Lohnanteil ist, umso größer ist die Wettbewerbsfähigkeit im Vergleich zu anderen Ländern. Der Export nimmt zu, aber auch die Verschuldung der Besteller. Damit kann man zwar unglaublich viel Geld verdienen, doch gleichzeitig vernichtet man die Wettbewerbschancen der Nachbarländer und ruiniert deren Finanzsystem, wie man zurzeit beobachten kann. Mit rücksichtsvoller Währungsgemeinschaft hat das nichts zu tun.

Viel Arbeit für wenig Geld
Mehrfach wurde in der Vergangenheit von großen Autoherstellern behauptet, ihre Produktivität müsse sich jährlich um mehrere Prozent steigern, um den Standort Deutschland zu halten. Das klingt für den

Laien nicht bedrohlich, sondern eher hoffnungsvoll. In Wirklichkeit zieht es jedoch verhängnisvolle Folgen nach sich. Dazu ein Beispiel: Soll jährlich 6% mehr Produktivität erreicht werden, müssten auch so viele Autos mehr hergestellt oder um diesen Betrag teuer gemacht und auch verkauft werden. Ansonsten kämen andere Szenarien auf den Plan: Es müsste Personal bei gleichbleibender Arbeit entlassen, weniger Lohn bezahlt, die Arbeitsplätze durch Automaten ersetzt oder Rohstoffe billiger eingekauft werden, um Kosten zu sparen.

Damit sollten wir in der Zukunft sowieso rechnen. Ein großer Teil aller einfachen Arbeiten wird zukünftig nicht mehr von Menschen geleistet werden, sondern von Maschinen. Deren Besitzer verdient dann auch ohne Mitarbeiter. Die Behauptung, man müsse nur fleißig sein, um erfolgreich zu werden, hat nie gestimmt und ist mittlerweile eine komplette Lüge.

Ein Kapitalist will mit möglichst wenig Einsatz viel Geld verdienen. Und genau das dürfen seine Beschäftigten nicht. Sie sollen für *wenig* Geld *viel* arbeiten. Das ist nicht nur ein Paradoxon, es ist auch unmoralisch. Es erscheint mir nicht verwunderlich, dass ein großer Teil des Führungsverhaltens sich damit beschäftigt, „arbeitsunwillige" Mitarbeiter zu „motivieren" oder mit allen Mitteln anzutreiben. Menschen mit solch einer unreflektierten Moral können sich vermutlich gar nicht vorstellen, dass es sehr viele Menschen gibt, die mit Freude und Spaß arbeiten und gute Ergebnisse erreichen wollen. Beschäftigt man die Arbeiter/Innen allerdings wie Entmündigte oder Sklaven, trifft der generelle Verdacht, sie wollten lediglich ihr Arbeitsleid verringern und zudem dafür viel Geld verdienen, natürlich zu. Doch das liegt nicht an ihrer Faulheit, sondern an unangepassten und unsinnigen Arbeitsbedingungen und schlechter Führung. Der Unterschied zwischen Wollen und Müssen ist der Unterschied zwischen Arbeit und Vergnügen, zwischen Bevormundung und Freiheit, zwischen Effizienz und Qual.

Trotzdem gibt es keinen Grund zur Überheblichkeit. Denn: Wir sind größtenteils selbst nicht so aufgestellt, um einen solch einseitigen Vorwurf erheben zu dürfen. Wir machen das alles mit. Wir bewerten alles, jedes Verhalten, jeden Menschen und jeden Gegenstand nach Markwertsystemen. Alles hat einen geschätzten Wert und ist austauschbar. Dadurch tritt eine Entfremdung von den Dingen, von der Arbeit sowie von Werten und Beziehungen ein. Das ist überaus schädlich für fühlende Menschen, die geliebt und geachtet werden wollen. So kann keiner sich wirklich wohl fühlen und ein gesundes Selbstwertsystem entwickeln. Wir versklaven uns so gesehen selbst. Es ist gar kein

„Einpeitscher" auf der Galeere mehr nötig, wir rudern von allein. Das aktuelle Problem hat der Dalai Lama so benannt:

> ***„Dinge werden hergestellt, um benutzt zu werden. Menschen sind dazu da, um geliebt zu werden. Das Dilemma unserer Zeit besteht darin, dass wir die Dinge lieben und die Menschen benutzten."***

Die meisten Menschen nicken betroffen, wenn sie so etwas lesen. Doch was machen wir jetzt mit diesen Erkenntnissen? Was Sie als Einzelner TUN können, erfahren Sie am Ende dieses Buchabschnitts sowie im vierten und fünften Teil des Buches, wo es darum gehen wird, Ihr persönliches Verhalten so weiterzuentwickeln, dass Sie und die Menschen in Ihrem Umfeld sich wertgeschätzt und gesehen fühlen.

Waren-Fetischismus
Leider macht eine wenig bekannte Besonderheit alles noch komplizierter. Wir handeln gar nicht nach dem tatsächlichen Warenwert, sondern nach einer Fiktion - also nach einem angenommenen Wert, der nur in der menschlichen Einbildung besteht. Der Herstellungspreis eines Produktes und die Wertvorstellung der Kunden haben oft wenig miteinander zu tun. Waren sind so gesehen Fetische[23]. Sie haben den Wert, den der Kunde ihm zubilligt.

Das lässt sich gut bei Kindern und Jugendlichen beobachten. Welchen Wert manche Marken und Dinge für sie haben, können Erwachsene häufig nicht im Ansatz ermessen. Wenn sie diese nicht irgendwann bekommen, sind sie ausgeschlossen, sind sie Verlierer, werden gehänselt, fühlen sich unbedeutend und leiden. Der tatsächliche Nutzen oder Herstellungswert interessiert überhaupt nicht mehr. So verwundert es nicht, dass manche Markenhersteller ihre Sachen zum vielfachen Herstellungspreis verkaufen können und andere zu Dumpingpreisen anbieten müssen, obwohl sie häufig in der gleichen Fabrik produziert werden.

Gewinn und Wachstum liegen hier in der *Täuschung* der Kunden. Werbung und Strategien zielen genau darauf ab. Sie informieren nicht, sondern sie appellieren an Gefühle, an Selbstwert und Eitelkeit. Sie machen den Nichtkäufer unbedeutend und gaukeln einen Wert vor, der nicht vorhanden ist. Dieser kann leider auch durch den Kauf nicht annähernd befriedigt werden. Der Besitzkick ist schnell verflogen und

---

[23] Wurde schon von K. Marx im Kapital genau beschrieben

wirkt nicht. Ein neuer muss her. Der sollte dann aber größer und wertvoller sein.

Luxusschrott und Verschleuderung von Ressourcen

Das alles hat Ähnlichkeit mit einem Suchtverhalten. Immer schneller kommen neue Modelle auf den Markt, die häufig genug keinen Zusatznutzen haben. Innerhalb kurzer Zeit sind ältere Modelle eines Produktes wertlos, obwohl sie noch ausgezeichnet funktionieren: *„Das Handy kannst du auf dem Marktplatz liegen lassen, das klaut keiner mehr!"* Es entsteht Luxusschrott, der Ressourcen verschleudert. Geht etwas kaputt, wird es einfach weggeworfen.

Wir vergessen dabei, dass diese Einstellung zunächst die Achtung vor der Natur, vor dem Produkt sowie den darin enthaltenen Ressourcen vernichtet und dann unsere Lebensgrundlagen ruiniert. Diese Haltung überträgt sich kontinuierlich auf andere Dinge in unserem Leben und macht auch nicht vor unseren Beziehungen halt. Die Art, wie wir produzieren und konsumieren, lässt sich nicht trennen von der Art, wie wir leben. Alles wird austauschbar. Beziehungen werden voreilig ‚weggeworfen', zumal wir uns schon daran gewöhnt haben, auf einem Beziehungsmarkt zu agieren. Wir bieten uns selbst wie Ware an und werden krank und unglücklich, weil keiner uns wirklich sieht und liebt.

Wer immer mehr kauft, schädigt sich in vielfältiger Weise selbst. Denn: Für den erforderlichen Kaufpreis muss er hart arbeiten. Der Druck nimmt enorm zu, weil die Bedürfnisse wachsen. Aufseher und Antreiber sind nicht mehr erforderlich. Alles funktioniert auch so. Es entsteht eine neue Form der Ausbeutung. Der Konsumsüchtige beutet sich selbst oder seine Angehörigen aus. Gleichzeitig wächst die Tendenz, auf andere herabzusehen, die sich das nicht leisten können. Solche Versuche, den Selbstwert zu erhöhen, funktionieren nicht, obwohl sie beliebt sind und Konjunktur haben. Psychosomatische Krankheiten nehmen zu. Ärmeren Menschen enthalten wir das Notwendigste vor und verschlimmern die Ungerechtigkeiten. So gesehen sind es nicht gefühllose Banken und rücksichtslose Konzerne, sondern jeder Einzelne von uns wird zum Täter.

Explodierende Mangelempfindungen

Ein Bedürfnis ist die Empfindung eines Mangels. Das ungehemmte Anwachsen von Bedürfnissen lässt die Mangelempfindung explodieren, macht abhängig und unglücklich. Insofern machen wir uns unnötigerweise selbst unzufrieden und bekümmert, obwohl wir doch glücklich sein wollen und könnten.

Der absolut größte Teil unserer Wirtschaft wird vom Mittelstand gestemmt (<250 Mitarbeiter). Die Verantwortlichen der Firmen des Mittelstands investieren und entwickeln, tragen ein relativ hohes Risiko, bekommen aber vom Gesamtgewinn nur ungefähr ein Drittel. Das größere Kuchenstück bekommen die 2% Großkonzerne, die immer weniger investieren und stattdessen eher aufkaufen, zerschlagen, mit Finanzen jonglieren oder alles abwickeln. Ihnen sind in erster Linie ihre Aktionäre und die Gewinnhöhe wichtig. Wie es den Menschen dabei geht, wird möglichst ausgeklammert. Die Besitzer der Aktien haben in der Regel keinen persönlichen Bezug zu ihrem Unternehmen und schon gar nicht zu den Mitarbeitern. Manche kennen nur den Unternehmensnamen oder die Ratingbewertung. Der Aktienwert steigt, wenn angekündigt wird, dass Mitarbeiter entlassen werden. Gleichzeitig werden die Verdienstmöglichkeiten der Beschäftigten durch Teilzeit, Leiharbeit, flexibilisierte Arbeitseinteilung unterhalb von 40 Stunden systematisch beschnitten. Das führt zu dem Ergebnis, dass viele Beschäftigte von ihrem Verdienst aktuell nicht leben können. Später werden sie keine ausreichende Rente bekommen. So wachsen die Mangelempfindung, die Bedürfnismenge und der Frust. Das Selbstwertsystem des Einzelnen nimmt dabei ernsten Schaden. In der Konsequenz heißt das: Wenn das Ganze nicht erträglich und ausreichend funktioniert, wenn die Bedürfnisspanne hoffnungslos zu groß wird, entsteht unbeherrschbare Kriminalität und Vandalismus. Es bildet sich Wut auf alles, was noch funktioniert.

Wachstumsbremsen
Es gibt noch weitere Hindernisse für ständiges Wachstum. Bestimmte Güter können ab einer bestimmten Sättigung nicht mehr vermehrt werden. Man kann nur eine bestimmte Menge essen. Wer einen Rasierapparat besitzt, braucht nicht zwingend einen zweiten. Die Lösung solcher Probleme liegt dann darin, immer neue Bedürfnisse und Produkte zu erfinden, die bisher noch keiner benötigte.

Eine weitere Möglichkeit ist, die Haltbarkeit der Dinge zu reduzieren. Das Ziel ist, <u>Gebrauchs</u>güter zu <u>Ver</u>brauchsgütern zu machen. Hierzu ein Beispiel: Bei einem Produkt mit einer etwa fünfjährigen Haltbarkeit, das andere ähnlich herstellen, wird ein Metallzahnrad gegen ein Kunststoffrad ausgetaucht. Das merkt zunächst keiner. Durch die geringeren Herstellungskosten lässt sich etwas mehr Geld verdienen, doch der Gegenstand funktioniert jetzt schon nach vier Jahren nicht mehr. Auch das merkt so schnell keiner. Die Situation verschlimmert sich, wenn die anderen Hersteller ebenso vorgehen. Und das müssen sie, um wettbewerbsfähig zu bleiben. Auf diesem Weg wird die mögliche

Haltbarkeit des Produktes unsinnig verringert. Ressourcen werden unnötig vergeudet. Produkte werden so gesehen mit einem *Todestrieb* infiziert. Das alles ist nicht sinnvoll, aber täglich geübte Praxis[24].

Seit einigen Jahren ist klargeworden, dass man seine Wettbewerbsfähigkeit auch dadurch gegenüber den anderen Mitbewerbern verbessern kann, wenn man ständig neue Dinge herausbringt. Ob die sinnvoll sind und zum Wohlergehen einen Beitrag leisten, ist ziemlich gleichgültig. Wichtig ist einzig und allein, dass die Menschen sie besitzen wollen und sie kaufen. Das weiß die Werbung genau und beherrscht das Gebiet hervorragend. Sobald das funktioniert und das können wir unzählige Male täglich beobachten, werden die „alten" Dinge gleichzeitig wertlos gemacht. Die will keiner mehr haben oder viel Geld dafür bezahlen. Diese *Neomanie* hat epidemische Ausmaße angenommen. Diese *„schöpferische Zerstörung"* vernichtet zusätzlich Unmengen an Ressourcen und sie wird immer schneller. Der Käufer dieser neuen Dinge empfindet in der Regel kurzfristig eine Ausweitung seines Selbst[25]. Er wird wichtiger durch den Besitz oder besser durch das Vorzeigen der neuen Dinge. Das funktioniert eigentlich deshalb so gut, weil es *nicht* funktioniert. Das Selbstwertsystem bleibt unbeeinträchtigt. Nicht selten lächeln die Beobachter sogar über diese Fehlleistung und diese naive Einstellung. Das heilt aber diese „Krankheit" nicht, sondern es stabilisiert sie und fordert auf zu immer neuen Anläufen, weil es in diese Richtung eine Sättigung gar nicht gibt.

Gleichzeitig wird von allen Nachhaltigkeit gepredigt und bewusst gelogen. Wir müssen uns also darauf einstellen, dass wir langfristig eine Stagnation bekommen werden, weil die Produktivität sich nicht mehr großartig steigern lässt und zusätzlich die Anzahl der Menschen in modernen Industriestaaten kontinuierlich sinkt.

 ***Die Welt ist groß genug für die Bedürfnisse von allen, aber zu klein für die Gier von wenigen.*[26]**

Gewinnmaximierung durch Produktionsverlagerung
Wenn eine weitere Gewinnmaximierung durch Reduktion der Herstellungskosten am bisherigen Standort nicht mehr funktioniert, wird

---

[24] Es gibt noch weitere schlimme Entwicklungen, die hier nicht alle besprochen werden können. Sehr tiefgründig Ludger Lütkehaus: 2015, *Vom Fluch des Zuviel*
[25] Philip Cushman, Constructing The Self, 1996
[26] M. Gandi.

die Produktion verlagert. Wohin das führt, wird erfreulicherweise bemerkt und häufig beklagt: Die heimische Wirtschaft und die Steuereinnahmen schrumpfen, Gewinne wandern ab, Arbeiter versklaven jetzt in neuen Gebieten und verelenden häufig und die Umwelt wird dort mehr ruiniert.

Um zusätzliches Wachstum zu erschließen, nehmen Dienstleistungen und der Handel mit Ideen und Wissen in großem Maße zu. Gegenständliche Waren sind das nicht, sie benötigen keine Ressourcen, aber sie unterliegen den gleichen Regeln. Tröstlich ist, dass dabei wenigstens noch Arbeitsplätze entstehen. Außerdem werden Produkte erfunden, die gar nicht mehr gegenständlich sind, z.B. Finanzprodukte. Wir bewegen vom Wert her gesehen erheblich mehr solcher virtuellen Produkte als Waren, die man anfassen kann. Damit lässt sich erheblich mehr Geld verdienen, obwohl hinter vielen Produkten gar kein reales Material oder Kapital steht. Das Volumen der globalen Finanztransaktionen ist heute ca. 75mal größer als die gesamte Wirtschaftsleistung der Welt. Dieser Handel wird überwiegend von nur 10-12 Finanzgiganten kontrolliert, die absolut kein Interesse daran haben, die Allgemeinheit an den Gewinnen zu beteiligen. Geld vermehrt sich durch die Druckerpresse der Zentralbanken oder durch Kredite und Transaktionen. Das ist nur wenigen Menschen klar.[27] Mehr als 95% des britischen Geldes wurde von Privatbanken durch Kredite erschaffen. Ähnlich sieht es in Gesamteuropa aus, dort sind es gemittelt leider auch schon 85%.

Fiktive Schulden haben eine Größenordnung angenommen, die nicht mehr beglichen werden kann, weil dazu alles im Umlauf befindliche reale Geld der Welt nicht mehr ausreicht. Die Menge ist viermal so hoch, wie der Wert der tatsächlich produzierten Waren. Nimmt man die Derivate hinzu, ist es vermutlich noch viel mehr[28].

Kapitalismus lebt bis heute vom Wachstum und funktioniert mit kontinuierlicher Akkumulation des Kapitals, mit Dynamik, Krisen und Zusammenbrüchen, aber auch mit Innovationen und mit Vermehrung der Schulden. Das funktioniert nur über einen gewissen Zeitraum. Aktuell häuft sich das Kapital und das Geld so extrem einseitig, dass es Innovationen behindert und Investitionen verhindert, weil keine Nachfrage mehr entsteht und keine „vernünftigen" Gewinne mehr zu erwarten sind. Viele Investitionen werden trotz vorhandenem Geld unterlassen, weil kein ausreichender Gewinn zu erwarten ist. Das wird sich ohne eine Veränderung auch nicht mehr ändern.

---

[27] Manfred Borchert, 2003, *Geld und Kredit*

[28] Sahra Wagenknecht, 2011, *Freiheit statt Kapitalismus*

Wegfall von Stellen

In den nächsten 20 Jahren werden vermutlich bis zu 50% aller Arbeiten mitsamt den dazugehörigen Stellen wegfallen.[29] Dieser Teil wird von Automaten und Computern (Industrie 4.0) erledigt werden, weil sie billiger und zuverlässiger sind. Millionen Menschen werden dadurch arbeitslos werden und sich viele Dinge nicht mehr kaufen können. Es gibt jetzt schon „dunkle" Geisterfabriken, in denen kein Licht mehr brennt, weil Maschinen das nicht benötigen.

Andererseits verbleiben für die zurückgelassenen Menschen Tätigkeiten, die für diese Rationalisierung zu kompliziert sind. Das bedeutet für diejenigen, die noch Arbeit behalten können, dass sie die schwierigen, anspruchsvollen und fehleranfälligen Tätigkeiten zu erledigen haben. In diesem Bereich sind Fehler in der Regel sehr teuer, deshalb dürfen sie nicht vorkommen. Druck und Stress werden deshalb weiterhin zunehmen. Die Ausbildung für solche Tätigkeiten wird viel komplizierter und anspruchsvoller werden. Wissen allein reicht schon heute nicht mehr. Flexibilität, Kreativität und ständige Erneuerung der Erfahrungen werden unverzichtbar. Aber eignen sich alle Menschen für solche anspruchsvollen Arbeiten? Einfache Tätigkeiten sind keine Rettung, sie werden immer weniger anfallen oder keinen wirklichen Lohn mehr erbringen.

Karl Marx würde sich heute vielleicht nicht an die Proletarier wenden (die nur ihre Arbeitskraft besitzen), sondern stattdessen fordern: *Arbeitslose und Niedriglöhner aller Länder vereinigt euch!* Doch die Realität wird vermutlich anders aussehen: Diejenigen, die andere Zeiten kennen, werden in ihren jeweiligen Nationalstaaten viel Stress auslösen. Je langsamer die Politiker darauf reagieren, desto umfangreicher werden Polemik und Populismus zunehmen. Demagogen werden es leichter haben, indem sie die Angst ausnutzen. Die Arbeitslosen der armen Länder werden sich nicht vereinigen. Sie werden in jene Gegenden fliehen, wo es Arbeit und Nahrung gibt. Die Flüchtlingszahlen werden erheblich zunehmen. Die erforderliche Menge an Arbeit für alle Suchenden wird es aber nicht mehr geben. Angst, Abschottung, Nationalismus und Rassismus werden weiter zunehmen. Der Hass auf Flüchtlinge und Fremde wird logischerweise weiterwachsen.

Diese angstauslösende Entwicklung beeinflusst nicht nur unsere Emotionen und legt uns ein Feindbild nahe, sondern verändert ganz grundsätzlich auch unsere Denkgewohnheiten, unsere Sprache und unsere Beziehungen. Alles wird feindseliger. Deshalb sollten wir einmal anders darüber nachdenken.

---

[29] www//welt.de; Volkswirte der Bank ING-Diba

Es wäre gut, wenn wir uns nicht weiter als Opfer empfinden würden. Wir sind die Täter und das schon seit Jahrzehnten.

Steuern und Sozialabgaben

Es kommen in immer größerem Umfang Waren auf den Markt, bei deren Herstellung kein Mensch mehr Hand anlegen muss. Maschinen funktionieren schneller und auch billiger. Sie feiern nicht krank und sind insofern zuverlässiger. Der Maschinenbesitzer verdient trotzdem am Verkauf der hergestellten Produkte. Er muss den Mehrwert nicht mehr mit den Mitarbeitern teilen und kann alles für sich behalten. Das ist natürlich sehr attraktiv und wird deshalb weiter zunehmen. Zusätzlich hat er keinen menschlichen Stress mehr mit den Mitarbeitern und mit den Gewerkschaften. Gleichzeitig entzieht er aber der Gemeinschaft einen notwendigen Beitrag zum Gemeinwohl. Lohnsteuer, Beiträge zu Renten- und Arbeitslosigkeitsversicherungen, zur Krankenkasse und Pflegeversicherung entfallen und müssen vom übriggebliebenen System auch noch finanziert werden. Dieser Effekt tritt nicht nur ein, wenn kein Mensch mehr an der Produktion aktiv beteiligt ist, sondern schon dann, wenn nur ein einzelner Arbeitsplatz von einer Maschine abgelöst wird. Wenn wir dies bedenken und uns moderne Firmen anschauen, merken wir sehr schnell, wie groß der Anteil der Firmen geworden ist, die keinen Beitrag für das Gemeinwohl mehr leisten. Fachleute[30] sind sich schon länger einig, dass das mit einer „Maschinensteuer" ausgeglichen werden muss. Das ist aber weder ausreichend bekannt noch wird es diskutiert oder versucht.

Entwicklungsbehinderung der Ärmeren

Machen wir uns also klar: Wir behindern die Entwicklung der ärmeren Regionen, beuten sie aus und verhindern fairen Handel. Durch Importe in diese Gebiete verhindern wir nahezu alle Existenzgründungen und unterlaufen möglichen Handel. Von einer „Insel des Wohlstands" inmitten von „Ozeanen der Armut"[31] verhindern wir eine gerechtere Verteilung. Dazu ein Beispiel: Wir liefern Tomatenmark aus Italien nach Afrika, weil es für denselben Preis oder billiger vor Ort nicht hergestellt werden kann. Das gleiche gilt für gebrauchte Kleidung. Viele Tonnen landen regelmäßig auf den afrikanischen Märkten und machen eine Eigenproduktion unsinnig und unmöglich. Leider helfen unsere caritativen Verbände dabei und verkaufen einen Teil der „Altkleider" auf dem Weltmarkt. Keiner will solche unglücklichen Zustände und trotzdem machen alle mit. Wir könnten das verhindern, indem wir noch brauchbare Kleidung verschenken oder bei

---

[30] Siehe dazu sueddeutsche.de oder rundschau-online.de et al

[31] 1995, indischer Ökologe M. Gadijl

31

gemeinnützigen Hilfsorganisationen vor Ort abgeben, die sie wirklich an andere Menschen kostenlos weitergeben.

Wir leben extrem über unsere Verhältnisse, nehmen uns einen viel zu großen Teil von den vorhandenen Energien sowie Ressourcen und verursachen damit gleichzeitig unlösbare Probleme in anderen Ländern. Durch unsere exportorientierte Handelspolitik ruinieren wir den Markt nicht nur in den Entwicklungsländern, sondern sorgen dafür, dass sogar unsere Partnerländer sich hoffnungslos verschulden müssen (EU-Alltag). Schon 1969 gab es mahnende Stimmen: *»Diese Gesellschaft ist obszön, weil sie einen erstickenden Überfluss an Waren produziert und schamlos zur Schau stellt, während sie draußen ihre Opfer der Lebenschancen beraubt; weil sie sich und ihre Mülleimer vollstopft, während sie die kärglichen Nahrungsmittel in den Gebieten ihrer Aggression vergiften und niederbrennen; obszön in den Worten und dem Lächeln ihrer Politiker und Unterhalter; in ihren Gebeten, ihrer Ignoranz und in der Weisheit ihrer gehüteten Intellektuellen.«*[32]

Überflüssige Gesellschaften und überzählige Menschen
Es ist nicht einmal klar, ob der Mensch für einen fortgeschrittenen Kapitalismus überhaupt noch gebraucht wird. Erinnern wir uns, die Menge der Finanzprodukte ist 75mal so groß wie die Produktivitätssumme aller Länder zusammen. Es wird künftig vermutlich eine völlig *überflüssige* Gesellschaft und *überzählige* Menschen geben. Selbst alteingesessene Produzenten von Waren müssen sich heute an Finanzgeschäften beteiligen, weil ihre Gewinne sonst im Vergleich mit Aktienunternehmen zu niedrig ausfallen würden. Es entsteht ein starker Zwang, diese Unsitte mitzumachen.

Ein solcher Kapitalismus macht Angst und wird kollabieren, aber vermutlich in einer noch schlimmeren Art wieder auferstehen. Bis dahin können noch Milliarden verdient werden. Schließlich hat die Kapelle auf der Titanic auch bis zum tödlichen Untergang gespielt. Die Akteure in unserer ‚Weltkapelle' gehen aber davon aus, dass sie selbst nicht sterben werden. Man kann sich diese unbegreifliche Gleichgültigkeit nur dadurch erklären, dass sie genau wissen: Nicht sie werden bezahlen, sondern nachfolgende Generationen müssen alles ausbaden. Deshalb versuchen sie noch schnell für sich selbst, ihre Kinder und Enkelkinder die letzten Millionen zu sichern.

---

[32] Herbert Marcuse: Versuch über die Befreiung, Frankfurt a. Main,

Zusätzlich glauben viele Akteure, das System werde - wie in der Vergangenheit - aus den Krisen lernen und in veränderter Form weiterleben. Es ist bekannt und bestätigt, dass man auch an Krisen viel Geld verdienen kann. Dann wird es mit großer Sicherheit noch mehr Verarmte und noch weniger unglaublich Reiche geben. Je reicher einige wenige werden, desto ärmer müssen viele andere sein. Verstärkt wird das alles durch eine rückläufige Bevölkerungszahl in den Industrienationen. Das macht alles deutlicher und krasser. Kapitalismus ist eine Art Krebs, der den Wirt langfristig zerstört.

 *__Der Kapitalismus hat nie das Ziel gehabt, die Allgemeinheit zu versorgen und Wohlstand für alle herzustellen, wie viele behaupten. Er verfolgt das einzige Ziel, Profit zu machen.__*

Ist zu viel wirklich nicht mehr genug?

Wir werfen ein Drittel aller Lebensmittel und Medikamente weg, obwohl die Menge ausreichen könnte, Not und Hunger weltweit sofort zu beseitigen. Selbst das Zuviel ist anscheinend nicht mehr genug. Heute legen z.B. viele Bäckereien Wert darauf, zum Ladenschluss noch alle Waren anbieten zu können. Dadurch wird in voller Absicht 25-30% zu viel produziert und anschließend entsorgt. Diese einwandfreien „Abfälle" dürfen ohne zusätzliche Bearbeitung nicht einmal an Schweine verfüttert werden. Gleichzeitig verhungern[33], z.B. *täglich* 15 000 Kinder. Das Problem ist neben unserer unsinnigen und unbarmherzigen Einstellung natürlich auch, dass die alten Brötchen hier bei uns anfallen und nicht in den Gegenden des Hungers. Wir könnten aber schon mal anfangen, keine Nahrungsmittel wegzuwerfen, sondern sie Freunden und Verwandten, Nachbarn oder den örtlichen Tafeln zu schenken.

Mittlerweile werden ca. 50% aller im Internet bestellten Waren zurückgeschickt und sogar ca. 80% aller Schuhe. Zuvor werden sie aber sehr aufwendig verpackt und erzeugen ungeheure Mengen an Abfall. Ungefähr 30% aller zurückgeschickten Dinge werden gar nicht mehr eingelagert, sondern gleich vernichtet, auch wenn sie noch neu und ungebraucht sind[34]. Selbst größere Dinge, z.B. intakte Mixer oder Kühlschränke, werden nicht ausgenommen. Gegen eine solche gigantische Verschwendung von Ressourcen sollten wir uns nicht nur aus moralischen Gründen wehren. Auf keinen Fall sollten wir das gedankenverloren mitmachen.

---

[33] siehe wfp.org et al
[34] Mediathek Frontal 21 oder Retail Institut EHI Köln

33

Soziale Marktwirtschaft?

Eigentum verpflichtet: Das fordert unser Grundgesetz. Zu was verpflichtet es aber? Diese Frage wurde bis heute nicht ausreichend oder grundsätzlich beantwortet. In den Nachkriegsjahren gab es natürlich Familienunternehmer, die ihren sozialen Auftrag ernst nahmen. Mittlerweile hat es eine Verschiebung von Verantwortung zur Macht und zur Gewissenlosigkeit gegeben. Globalisierung und entfesselte Finanzmärkte machten es leicht und forderten es teilweise sogar. Ein Teil unsere Politiker macht dabei kräftig mit. Gerechtigkeit und soziale Pflichten werden in jeder politischen Rede von nahezu allen beschworen, aber in der Praxis täglich systematisch ausgeklammert und missachtet. Es soll vermutlich der Eindruck entstehen, dass alle daran Interesse hätten. Für politische Reden mag das sinnvoll sein, weil es der größte Teil der Bürger erhofft und erwartet, also auch Zustimmung produziert, doch das Gegenteil ist leider Realität.

Wie unehrlich das Gerede ist, kann man daran sehen, dass ein schwer Arbeitender bis zu 42% Steuern bezahlen soll. Jemand der *nicht* arbeitet und nur darauf wartet, dass sein Geld Zinsen abwirft, wird nur mit 25% Steuern belastet, wenn er nicht schon in einer Steueroase investiert und auch das noch verhindert. Schätzungen zufolge werden allein durch Steuerflucht ca. 100 Milliarden im Jahr in der Bundesrepublik unterschlagen. Fachleute schlagen eine globale Kapital- oder Transaktionssteuer und eine progressive Vermögenssteuer vor. Sie wird von vielen als tauglich erachtet, aber als utopisch belächelt. Denn: Diejenigen, die solche Maßnahmen veranlassen müssten, sind auch diejenigen, die bisher davon profitierten.

Entsolidarisierung ist gefährlich

Eine *Gesellschaft* lebt vom Austausch und von Interaktionen. Sie ist deshalb nicht automatisch sozial ausgerichtet, sondern zunächst eine Ansammlung egoistischer Individuen. Sie handelt und tauscht. Das kann natürlich anständig und gerecht ablaufen, kann aber auch ziemlich ungerecht geschehen, weil die Handelsmacht nicht gleich verteilt ist. Eine solche Orientierung bietet sehr viel Freiheit, ist deshalb sehr beliebt und wird infolgedessen engagiert vertreten. Wir vergessen allerding häufig dabei, dass Freiheit nur zusammen mit Verantwortung funktioniert und es eine solche Verantwortung für die ganze Menschheitsfamilie und die Erde gibt. Gedankenlosigkeit und Egoismus fördern eine Art soziale Rezession. Wenn Geld und der eigene Vorteil im Vordergrund stehen, darf man sich über die Selbständigkeitsbestrebungen wirtschaftlich starker Landesteile (Norditalien, Katalonien usw.) nicht wundern. Das ist eine Zunahme egoistischer Entsolidarisierung, die gefährlich werden kann.

Eine *Gemeinschaft* ist etwas anderes. Sie hat immer einen Anteil an Opferbereitschaft und verfolgt gemeinsame Ziele. Für diese und für das Gemeinwohl muss etwas geleistet werden, ohne dafür automatisch einen Gegenwert zu liefern. Das empfinden und wissen viele Menschen, die ehrenamtlich arbeiten. Der höhere Sinn eines solchen Engagements kann darin bestehen, Wohlbefinden zu vermehren. Wer andern hilft, fühlt sich dadurch auch selbst besser und zufriedener. Die alten Dorfgemeinschaften wussten um diese fruchtbringende Einstellung für ein gedeihliches Zusammenleben, von der auf lange Sicht alle profitierten.

Dabei gibt es leider eine „natürliche" Schwierigkeit. Ist die Gemeinschaft überschaubar, so sind Menschen schnell bereit, etwas für das Gemeinwohl zu leisten, zu helfen und Rücksicht zu nehmen. Bei unüberschaubaren Größen erlischt offensichtlich das Gemeinschaftsmotiv sehr schnell. Damit es übersichtlich bleibt, fangen wir am besten mit unseren direkten Nachbarn an und versuchen *mehr tragfähige Gemeinschaft herzu*stellen. Möglicherweise müssen wir diese Richtung neu beleben und uns für mehr Gemeinschaft einsetzen[35].

Natürliche Ursachen für unsere ungünstige Haltung
Fürsorge um unsere Mitmenschen ist eine sichere Quelle für Zufriedenheit und Freude. Nehmen, konsumieren und jegliche Ausbeutung rächen sich früher oder später. Das Tote Meer ist deshalb tot, weil es nur einen Zufluss und keinen Abfluss hat. Langfristig vergiftet ein solches System. Leider ist ein solch schädliches Verhalten in der Natur nicht selten. Ausbeuterisches Verhalten, sogar bis zum Zusammenbruch, ist gar kein Einzelfall. *„Da gibt es jede Menge Beispiele aus der Biologie",* sagt Lutz Becks vom Max-Planck-Institut für Evolutionsbiologie in Plön in einem Interview. Das klassischste Beispiel sei wohl das von Luchs und Hase: Die Räuber dezimieren ihre Beute so lange, bis sie selbst verhungern – und damit in einem ewigen Kreislauf den Hasen wieder Auftrieb verschaffen. „30 Prozent der Räuber-Beute-Konstellationen haben solche Zyklen." Es ist aus der Forschung bekannt, dass Arten dazu tendieren auszuprobieren, was die Umwelt so hergibt. Dieser biologische Mechanismus hat anscheinend auch für den Menschen eine grundsätzliche Bedeutung. Der mögliche Untergang der eigenen Art wird nicht bedacht. *„Wir sehen solche Probleme nicht. Es ist verrückt, wie stark sie ignoriert werden."[36]*

---

[35] Beispiele: siebenlinden.org; schader-stiftung.de oder Erasmus+ Projekte; Zukunftsinstitut.de; sfws-goerlitz.de; et al
[36] Thomas Junker, Universität Tübingen

Eigentlich wussten wir das schon immer: *Wir sehen leicht, was heute eine Bedeutung hat, aber wir sehen nicht, was morgen oder übermorgen relevant sein wird.* Ist das alles dann vielleicht ganz normal? – Ich denke nicht. Möglicherweise ist es ein natürliches Verhalten von Lebewesen, die nicht nachdenken und die keine Zukunft planen können. Für Menschen ist es eine Dummheitsurkunde und ein Armutszeugnis. Es geht anders. Wir sollten beispielsweise bei jeder anstehenden Entscheidung darauf achten, dass möglichst auch ein anderer davon einen Vorteil hat oder nur noch Dinge herstellen, die vollständig recycelbar oder kompostierbar sind[37]. So einfach könnte es sein. Nachdenken, Wissen und Bildung können helfen, die Abhängigkeit von unserem animalischen Erbe durch Kultur zu verringern. Dabei geht es nicht darum, die Grenze neu zu ziehen, sondern zu integrieren. Es wird eine natürliche Evolution zu mehr Kultur geben, weil es eine biologische Veranlagung im Menschen dazu gibt[38].

Zwingt uns unsere Psyche zu solch einem Verhalten?
Möglicherweise müssen wir aus psychischen Gründen so sein, wie wir sind, und können uns nur mit Mühe durch eine erworbene Kultur und Wissen darüber hinwegsetzen. Beispielsweise sehnen wir uns durch die starken Anforderungen unseres Selbstwertsystems nach viel Anerkennung und ständiger Wertschätzung. Wir können gar nicht genug davon bekommen. Funktioniert das nicht, machen wir uns schnell etwas vor, was gar nicht wirklich vorhanden ist. Wir erfinden und ignorieren. Andernfalls wäre unser Selbstwertsystem zu leicht zu stören, noch leichter zu beeinflussen, wankelmütig und unberechenbar. In der Folge würden unsere Stimmung und Gesundheit darunter leiden. Der negative Einfluss würde sich auch auf das Zusammenleben, die Lebenschancen und auf die Genfitness auswirken. Deshalb glauben wir nur zu gerne an ehrenwerte Motive und gute Eigenschaften, insbesondere für unser eigenes Verhalten. Misstrauen wäre sicherlich hier und da angebracht.

 ***Traue keinem erhabenen Motiv, wenn du für die Handlung auch ein einfaches finden kannst.***

Diese Erkenntnis auf andere anzuwenden ist um ein Vielfaches leichter, als sie auf die eigenen Motive zu beziehen. Deshalb wird es darum gehen müssen, genauer hinzusehen, das Ich zu stärken und die Möglichkeit und die Freiheit zu eröffnen, neue Wege zu denken, zu erproben und zu lernen. Das bezieht sich insbesondere auf das eigene Verhalten. Anderen den

---

[37] 2015, Braungart/McDonough, *Cradle to cradle*
[38] 2013, Helmut Fink/Rainer Rosenzweig (Hg.) Das Tier im Menschen, Triebe, Reize, Reaktionen

Spiegel vorzuhalten stößt in der Regel auf Ablehnung, da Kritik als unangenehm empfunden wird. Durch Ermahnen und Belehren werden Mitmenschen nicht erreicht. Erforderlich sind Selbstreflektion und Änderung des eigenen Verhaltens. Es ist erfolgreicher, eine Hilfestellung zu geben oder als Modell tauglich zu sein. Nur so kann eine Verhaltensänderung bei anderen freiwillig erfolgen. Schon Johann Wolfgang von Goethe riet einst:

„Behandle die Menschen, als wären sie so, wie sie sein wollen, dann hilft es ihnen, das zu werden, was sie sein könnten."

Ich-Stärke fördern

Die Ich-Stärke zu fördern ist ein richtiger Weg: *»Soweit Psychologie sich nicht um die Stärkung der Ichfunktionen und deren Ausgleich mit den seelischen Altfunktionen bemüht, fördert sie absichtlich oder unbemerkt retardierende oder regressive Prozesse der Gesellschaft, ist sie weniger Forschung als Teil einer sie umklammernden Ideologie.«*[39] Zurzeit leisten wir uns im großen Stil das Gegenteil. Werbung und Marketingausrichtung der Beziehungen behindern entscheidend eine Konsolidierung des Selbstwertes. Unser System will gar keine selbstbewussten und ichstarken Kunden. Die würden nämlich viele Dinge nicht mitmachen.

All das führt zurzeit zielstrebig in eine Sackgasse – mit ruinösen Folgen[40]. Es gibt schon Stimmen, die vermuten, das alles sei kein Zufall oder nur Unfähigkeit, sondern unmoralische Absicht. Aus der Vergangenheit wissen wir, dass aus Krisen und Katastrophen die Reichen reicher hervorgehen und alle anderen die Folgen tragen müssen oder möglicherweise sogar daran sterben. Zugegeben – das ist ein schrecklicher Gedanke. Glauben wir deshalb lieber an Zufall, Unfähigkeit, Dummheit oder kriminelle Energie?

Für das Erreichen wirklich funktionierender Lösungen sollten wir uns zu einem erheblichen Teil von unserem natürlichen Erbe der Primaten und der Steinzeit lösen und uns mit einer zukunftsorientierten Kultur beschäftigen. Das können nur relativ selbstbewusste und ich-starke Menschen bewerkstelligen. Unselbständige und stark abhängige Menschen haben es um ein Vielfaches schwerer. An der Ichstärkung anzusetzen, kann die Abhängigkeit von den Naturwurzeln lockern. Mehr Kultur, mehr Freiheit und Selbstverwirklichung können erreicht werden. Dazu wird es erforderlich sein, unser aktuelles Verhalten genau zu

---

[39] Alexander Mitscherlich: Massenpsychologie ohne Ressentiment, Frankfurt a. M 1972, S. 178
[40] 2017, Daniel Schelter; Eiszeit in der Weltwirtschaft

betrachten und anzupassen. Wir sollten in Wissen investieren, an unserer Haltung arbeiten und ein möglichst gutes Beispiel abgeben. Kultur steht nicht unbedingt im Widerspruch zur Natur. Eine Integration ist notwendig. Diese ist bisher nicht vollständig gelungen. Der Mensch entwickelt sich aber auch auf diesem Gebiet weiter, das zeigen Forschungsergebnisse, trotz vieler praktischer Rückschläge.

Neid ist leider auch angeboren
Forscher hatten einem Primaten beigebracht, Spielsteine aus seinem Käfig aufzuheben und abzugeben. Das war relativ leicht und funktionierte eine ganze Zeit, weil er als Belohnung jeweils eine Gurkenscheibe bekam. Das blieb allerdings nicht unbemerkt. Sein Mitbewohner fing auch an, Steine zu sammeln, um sich einen leckeren Zusatz zu sichern. Da passierte es, dass der Zweite statt einer Gurkenscheibe eine Weintraube bekam. Auch das blieb nicht unbemerkt, war die Belohnung doch sehr viel schmackhafter und attraktiver. Beim nächsten Mal verweigerte er die Gurkenscheibe, bog sie hin und her, war sehr aufgeregt und warf sie auf den Boden. Als das erfolglos blieb, wurde er sehr wütend, versuchte den Käfig auseinander zu nehmen, seinen ‚Kollegen' zu verletzen und ihm den Rest der Weintraube abzunehmen. Der alte Zustand konnte nicht vollständig wiederhergestellt werden. Die ursprüngliche harmonische Stimmung war verschwunden. Es besserte sich erst, als für längere Zeit alle wieder das Gleiche bekamen.

Ähnliches kann man sehr häufig bei kleinen Kindern beobachten. Es gibt Streit um die unwichtigsten Dinge. Hält sie jemand in der Hand und findet sie gut, steigen sie sofort im Wert und wecken Begehrlichkeit. Das sind, wie wir heute wissen, sehr starke angeborene Emotionen. Keiner will sie, doch wir haben sie in uns. Es gibt aus dieser Richtung allerdings auch eine etwas andere Sicht. Vermutlich ist Neid nicht die einzige Ursache. Es ist leicht zu erkennen, dass es auch um Gleichbehandlung und Gerechtigkeit gehen könnte. Wir wissen heute, dass wir ein tiefsitzendes Gefühl für diese Bereiche besitzen. Leicht ist zu erahnen, welche Störungen die unterschiedliche Entlohnung für gleiche Arbeit bei Leiharbeit, Werkverträgen und Stammbelegschaft oder durch die Meinung, dass den Flüchtlingen alles gegeben und sich vielmehr um sie gekümmert wird, verursachen können.

Wenn Sie solche negativen Reaktionen persönlich nicht zeigen wollen, ist der einfachste Weg eine hohe Selbstwahrnehmung und Achtsamkeit. Durch Bemerken und Überprüfen jeder auftretenden Regung kann langfristig der negative Anteil gelöscht werden, indem ich mir z.B. sage: *„Das widerspricht meinem Gefühl für Gerechtigkeit",* aber auch indem ich mich frage: *„Will ich wirklich eine solche Luxuskarosse? Brauche ich den Gegenstand wirklich unbedingt auch?"* Buddhisten empfehlen nicht nur, den Naturimpuls abzuschwächen, sondern die Energie konstruktiv für Veränderung zu nutzen oder sich mit dem Besitzer zu freuen. Wenn das gelingt, ist wirklich das Erbe der Natur durch Kultur und Lernen verändert worden.

Erfreulich ist allerdings, dass auch so etwas wie Altruismus angeboren ist. Lange Zeit hatten die Genetiker sich bei Genfitness auf die egozentrischen Strukturen konzentriert. Alles deutete darauf hin, dass nur die eigene Person gemeint sei. Nur bei Verhalten von Müttern akzeptierte man Ausnahmen, wenn sie selbstaufopfernd etwas für andere (hier die Kinder) taten. Mittlerweile ist klar geworden, dass Genfitness und Selektion nicht ein individuelles Konzept ist, sondern in erster Linie dem eigentlichen Gen und nicht der Person gilt. Das heißt, aus dieser Sicht macht es durchaus Sinn, etwas für die Weitergabe und Unterstützung eines Gens zu tun. Das löst den Egoismus teilweise auf und liefert ein ähnlich starkes Motiv etwas für Verwandte und unter Umständen auch Nachbarn zu tun, wenn es die Genweitergabe fördert. Wie tief dieses Motiv sitzt und wie weise Menschen diesbezüglich sein können, kann man an einem kleinen Beispiel darstellen.

Auf einer entfernten Insel lebten Ureinwohner. Sie hatten nicht die übliche einschränkende Paarbindung und betrachteten ihre Kinder als Nachkommen von allen. Es gab so gesehen viele Väter. Das funktionierte hervorragend, bis es plötzlich Eigentum gab. Wem vererbe ich als Mann mein Haus, wenn ich nicht weiß, ob ich der Vater bin? Die Dorfältesten trafen zusammen und fanden die einzig sinnvolle Lösung *ohne jede Schulbildung.* Schüler mit der Kenntnis von Vererbungsgesetzten können das in der Regel nicht lösen. Sie beschlossen, es den Kindern der Schwester zu vererben. Für die Weitergabe der eigenen Gene sehr sinnvoll. Die Wissenschaft staunte: Woher wussten die das?

Mittlerweile gibt es gute Belege für diese Richtung[41], die auch von Philosophen und Psychologen bestätigt wird: Es lohnt sich offensichtlich auch für eigene Sinnfindung und persönliches Wohlergehen, für andere etwas zu tun. Das wussten die älteren Menschen im ländlichen Bereich schon immer: *Wenn es meinem Nachbarn gut geht, geht es mir auch gut.*

---

[41] Edward Wilson, *Sozialpsychologie,* 1975, Richard Dawkins, *Das egoistische Gen*, 1976, Max-Plank-Institut für evolutionäre Anthropologie et al.

Hoffnungen

Es gibt also Hoffnung. Hilfe und Kooperation sind keine Seltenheit. Früher war ein unterstützendes Verhalten aus der Not geboren und wurde durch Gemeinschaftsgefühle befördert. Heute geschieht das vermehrt schon durch Einsicht, Verantwortung und Ethik. Nahezu bei jeder Notlage finden sich spontan viele Menschen, die helfen wollen. Das Ehrenamt wird immer beliebter und wird immer mehr akzeptiert. Eine Trendwende neben unserem boomenden „Kosumismus" bahnt sich an, dafür mehren sich erfreulicherweise die Zeichen.

Die Bereitschaft, einiges vom Alten zu bewahren, sich trotzdem neuen Zielen zuzuwenden, zu suchen, neue Wege zu versuchen, scheint sich zurzeit vermehrt zu entwickeln. Einige Untersuchungen deuten darauf hin. Das Potential dazu hat der Mensch ohne jeden Zweifel. Gute Indizien für eine positive Veränderung sind die internationale Friedensbewegung, Hilfs- und Spendenbereitschaft, fairer Handel und ein deutlicher Zuwachs bei sozialen Themen.

Freundlichkeit, Einfühlungsvermögen, Kooperation und gegenseitige Hilfe sind in unseren Genen neben Neid ebenfalls angelegt[42]. In vielen Versuchen mit Kleinkindern konnte gezeigt werden, dass Kooperation, Mitleid, Einfühlungsvermögen und Hilfsbereitschaft zunächst vorhanden sind. Sehr häufig wird durch „Erziehung" und durch die Wirkung des sozialen Lernens Wesentliches abgeschwächt oder überlagert.[43] Die aktuelle Kulturentwicklung in Richtung einer überzogenen egoistischen Haltung, zu Mobbing und zu rüpelhaftem Verhalten verstärkt leider diese gefährliche Richtung.[44]

Trotzdem vergrößert sich die Hoffnung, dass diese Verhaltensweisen sich evolutionär weiterentwickeln werden.[45] Alles spricht dafür, dass die geschulte Vernunft die angeborene Gewaltneigung, Aggression und anderes animalisches Verhalten immer schneller entlarvt und stoppen kann.

Es gibt offensichtlich auch die vermehrte Bereitschaft, soziale Kontakte in Gruppen zu suchen, zu pflegen, Ehrenämter zu übernehmen, Traditionen wieder zu pflegen und bei aller Spaßsuche an ernsten Dingen zu

---

[42] 2013, Helmut Fink/Rainer Rosenzweig (Hg.) Das Tier im Menschen, Triebe, Reize, Reaktionen

[43] 2010, Michael Tomasello: *Warum wir kooperieren*

[44] 2012, Jörg Schindler: Die Rüpelrepublik; Warum sind wir so unsozial?

[45] 2014, Michael Schmidt-Salomon: *Hoffnung Mensch*

arbeiten. Es gibt erfreulicherweise eine wachsende Sehnsucht nach Gemeinschaft, Achtung und Wertschätzung.

Gleichzeitig mehrt sich der Widerstand gegen Bestehendes, wie beispielsweise Kirchenaustritte als Ablehnung der nicht mehr zeitgemäßen Verhaltensweisen und tradierten Zwänge belegen. Es zeigt sich auch ein zunehmender Widerstand gegen abgehobene Politik, Banken, Wirtschaft und andere Bevormundung. Immer weniger wird ungeprüft übernommen. Und das ist gut so! Bildung kann auch hier helfen. Obwohl wir verschämt eingestehen müssen, dass das humanistische Bildungsideal uns nicht vor den Exzessen des letzten Jahrhunderts bewahrt hat. Wir müssen es anders und wirksamer machen.

Wohlstandsillusion und neue Wirtschaftsordnung

Wir leben in einer Wohlstandsillusion. Bei einer Umfrage meinten 88% der Bundesbürger, dass sie sich eine neue Wirtschaftsordnung wünschen. Mehr als die Hälfte der unter Dreißigjährigen unterstützt die Aussage: *„Der Kapitalismus richtet die Welt zugrunde.“*[46] Fragt man dagegen etwas genauer, so sind die meisten Menschen resignativ zufrieden und haben *keine* Motive, etwas zu verändern.

Damit aber neue Ideen für eine nachhaltige Zukunft eine Chance haben können, benötigen wir eine breite Bildung und ein besseres Verstehen der Zusammenhänge. *„Wir brauchen auch eine neue Politik. Eine Politik in der die Menschen im Mittelpunkt stehen.“*[47] Achtung und Wertschätzung sollten wirklich wichtiger sein als Macht und Reichtum. Bis dahin helfen nur radikaler Konsumverzicht, disziplinierte Prüfung der Konsumnotwendigkeit, Entlarvung des eingebildeten Warenwertes, Bildung und – wie Sie im vierten und fünften Teil dieses Buches selbst erfahren und ausprobieren können, eine Veränderung und Erweiterung unserer Verhaltenskompetenzen.

Reichtum ist ein Problem

Langfristig betrachtet ist auch großer Reichtum kein Genuss. Besitz und Kapital belasten nicht nur persönlich sehr und können charakterlich deformieren, sondern pervertieren auch das Zusammenleben. In Gebieten, in denen arm und reich schon stark auseinanderdriften, wird Grundbesitz mit Mauern, Zäunen und Privatpolizei gesichert. Kinder werden in gepanzerten Limousinen zur Schule gebracht und mit

---

[46] 2010, Meinungsforschungsinstitut und Umfrage Uni Jena
[47] 2012, Hessel/Morin: *Wege der Hoffnung*

Personenschützern vor Entführungen bewahrt. Es kann kein Glück oder Freude auslösen, in einem solchen Gefängnis zu wohnen.

Je größer der Unterschied zwischen Arm und Reich wird, desto unangenehmer wird es für alle. Kriminalität und Flüchtlingsbewegungen werden notgedrungen stärker. Die Schutz- und Sicherungskosten steigen. Ob wir Kapitalismus mögen oder nicht, ist ziemlich egal. Wir sind ein funktionierender Teil davon und haben somit eine Art *Verursacherhaftung*, eine Verantwortung. Wir sollten sie für unseren Teil übernehmen. Zumindest ein Minimum an globaler Solidarität und gesichertem Gemeingut muss entstehen, z.B. für Boden und Wasser-Ressourcen. Es ist völlig unbegründet und pervers zu akzeptieren, dass solche Güter einzelnen Menschen oder Staaten gehören könnten. Gelingt uns dieser Richtungswechsel nicht, werden Gewalt und Kriminalität vermutlich in unvorstellbarem Ausmaß zunehmen.

Das können Sie TUN

„Alles, was er möchte, kann er nicht haben, dieses aber kann er: Nicht haben wollen, was er nicht hat, und heiter genießen, was ihm geboten wird", wusste schon Seneca. Wenn Sie ein Schnitzel haben und der andere nicht, so ist es nach Verzehr „vom Markt" verschwunden. Wenn Sie aber Wissen und Ihre eigene Vorbildfunktion als Ware verstehen, wird es sich multiplizieren und nicht verbrauchen. Ähnlich verhält es sich auch mit persönlicher Hilfe und Unterstützung von Bedürftigen und mit einer anderen Art des menschlichen Umgangs. Sie werden sicher etwas zurückbekommen. Sollten Sie aber dennoch Konsumwünsche haben, so versuchen Sie nach Möglichkeit, sich für Produkte zu entscheiden, die möglichst keinen oder geringen Materialverbrauch aufweisen, wie z.B. Dienstleistungen oder Kunst.

TIPPS

Der wirksamste Hinweis zuerst
(rückgemeldet von erfolgreichen Anwendern):

- Warten Sie mindestens drei Tage nach Aufkommen eines Kaufwunsches. Wenn der dann noch lebt und ähnlich wirksam ist, scheint er sinnvoll und wichtig zu sein. Sie werden merken, ein großer Prozentsatz der Kaufwünsche verschwindet in der Bedeutungslosigkeit. Sie werden mehr Geld zur Verfügung haben und viel freier sein.
- Dämpfen Sie Ihren eigenen Warenfetischismus.
- Diskutieren Sie darüber mit anderen.
- Üben Sie bewussten und reflektierten Konsumverzicht.
- Prüfen Sie jede Konsumnotwendigkeit.

- Entlarven Sie den eingebildeten Warenwert.
- Teilen Sie und nutzen Sie Dinge gemeinsam.
- Reparieren Sie, statt Kaputtes einfach wegzuwerfen.
- Kaufen Sie nach Möglichkeit nur reparierbare Waren[48].
- Kaufen Sie keine Konsumgüter mit geliehenem Geld.
- Zahlen Sie dafür keine Zinsen.
- Werfen Sie nichts Brauchbares weg, sondern verschenken es.
- Wenden Sie sich anderen Waren zu, z.B. Wissen.
- Geben Sie Ihr Wissen an nachfolgende Generationen weiter.
- Investieren Sie in die Bildung und Qualifizierung Ihrer Kinder und Enkelkinder[49].
- Helfen Sie anderen und erwarten Sie aus verschiedenen Gründen keinen Dank dafür.
- Versuchen Sie, mit anderen Menschen und der Welt in Resonanz zu kommen[50].

Verabschiedung vom Wachstumsgedanken
Täglich wird aus vielen Quellen und von unterschiedlichen Leuten Wachstum als *einzige* Lösung beschworen, als einzige Möglichkeit für eine funktionierende Zukunft, obwohl es nicht stimmt. Gemeint ist dabei in erster Linie, immer mehr Waren herzustellen und Ressourcen zu verbrauchen. Dabei ginge es auch anders.

Weniger Menschen sehen Wachstum als großes Unheil und als Ruin unserer Zukunft. Es wird klar, dass auf einem endlichen Planeten bestimmte Dinge ganz natürlich ein Ende haben, wie z.B. Kohle oder Öl. Mittlerweile haben Sie genug Daten gelesen, um sich selbst ein Urteil zu bilden. Vermutlich ist es allerhöchste Zeit, unsere aktuelle Haltung zum Wirtschaften zu überdenken. Weil es entscheidend und wichtig ist, soll nochmals der Focus auf die dahinterliegende Philosophie gerichtet werden.

Viele Jahrhunderte verstanden die Menschen unter „gutem Leben" in erster Linie Gesundheit und ein gutes Verhältnis zu Gott und den Mitmenschen. Innerhalb von wenigen Jahrzehnten, zur Zeit der industriellen Revolution, veränderte sich die Haltung. Jetzt galt die

---

[48] Kann man auch daran erkennen, dass sie Schraubenlöcher haben.

[49] Vermutlich eines der wirksamsten Möglichkeiten gegen Ungleichverteilung und Verschwendung (durch das geänderte Thema sind Wiederholungen in der Aufzählung unvermeidbar).

[50] Damit muss man/frau sich aber gesondert auseinandersetzen, z.B. bei H. Rosa über die *Soziologie des guten Lebens*

Überzeugung, dass materielle Dinge wichtiger sind. Geld wurde zu Kapital und Gebrauch zu Verbrauch. Das geschah in einer nicht gekannten Schnelligkeit und ist bis heute sehr rigide und stabil.

Mühsam ist es, das zu hinterfragen, und es wird von Polemik und Aggressionen begleitet, obwohl wir alle sinnvollen Grenzen bereits überschritten haben und ein wenig ruhiges Nachdenken den Irrweg erkennbar machen würde. Wir verbrauchen z.Z. bis zum August jeden Jahres alle zur Verfügung stehenden Ressourcen der Welt, danach geschieht nur noch Raubbau, Verschwendung und Vernichtung der notwendigen Grundlagen für unsere Nachkommen. Andauerndes Wachstum ist Selbstmord auf Raten. Es gibt genug vernünftige Hinweise, Vorschläge und Pläne für eine Wirtschaft ohne Wachstum[51]. Hier einige Beispiele:

- Wir dürfen Wachstum nur in Bereichen zulassen, die keine materiellen Ressourcen benötigen, wie Pflege, Bildung, Betreuung und Dienstleistung. Ausreichender Bedarf ist vorhanden.
- Wir müssen Vollbeschäftigung anstreben auch durch Reduzierung der Arbeitszeit und Verteilung auf viele Personen.
- Dadurch würde die Freizeit für Familie und Gesellschaft vermehrt. Das ist auch eine Form von Reichtum. Dort sollte nur Ressourcenfreundliches gefördert werden.
- Wir sollten nicht immer mehr, sondern immer bessere und langlebigere oder reparaturfähige Dinge kaufen oder herstellen.

Es würde sich damit vieles positiv verändern, der Weg für eine neue Sichtweise würde geebnet und unsere Nachkommen wären nicht zu dem Schicksal verurteilt, auf einem ausgelaugten Planeten leben zu müssen. Es geht um die Qualität unserer Zukunft, unserer Beziehungen zu anderen und zur Natur, um die individuelle und kollektive Sinnhaftigkeit unseres Daseins.

 **Kapitalismus ist wie ein Fahrrad, es muss fahren, sonst kippt es um. Benötigen wir so eine Philosophie oder Praxis?**

---

[51] Tim Jackson, *Wohlstand ohne Wachstum*, 2017; N. Peach, *Wachstum ligth?* 2009, Juliet Schor, *Wahrer Wohlstand. Mit weniger Arbeit besser leben,* 2016, Norbert Nicoll: *Adieu, Wachstum! Das Ende einer Erfolgsgeschichte,* 2016, oder Sendereihe *Wegmarken 2010: Wohlstand ohne Wachstum? Perspektiven der Überflussgesellschaft.deutschlandfunk.de,* 1./2./3. Januar 2010; et al

Teil 3:
Überfordert, ausgebrannt und krank: Was das moderne Leben mit der menschlichen Psyche macht

Sie wissen nun nach der Lektüre der ersten beiden Teile des Buches, warum es nicht so weitergehen kann wie bisher. Doch was erwartet uns Menschen auf lange Sicht, wenn es keine konstruktiven Verbesserungen gibt? Wie kommt die menschliche Psyche mit den aktuellen Entwicklungen klar? Nach welchen Regeln leben wir eigentlich? Gibt es nichts Besseres? Was müssen wir dazu wissen und können? – Darum geht es im Folgenden.

Entfremdung und Vereinsamung

In früherer Zeit war es völlig normal, auf seine Nachbarn zu achten, sich umeinander zu kümmern und füreinander zu sorgen. Durch die Betonung der individuellen Freiheitsrechte im Rahmen der Aufklärung trat eine starke Entfremdung und Vereinsamung ein. Das wurde durch die Verstädterung noch verstärkt. Heute glauben wir, unsere Nachbarn nicht mehr wie früher zu benötigen. Wenn wir Hilfe brauchen, wenden wir uns an einen anonymen Dienstleister und sind stolz darauf, unabhängig zu sein.

Diese Art des Lebens, verbunden mit der aktuellen Marktwirtschaft, führt dazu, dass wir Beziehungen als Angebot- und Nachfrage-Geschäft verstehen. Wir verstehen uns selbst immer mehr als Ware im Beziehungsgeschäft: Wir optimieren unseren eigenen Warenwert. Das äußere Erscheinungsbild wird überbetont. Altern wird dadurch ein zusätzliches Problem. All das erschwert es extrem, ein gesundes Selbstwertgefühl zu entwickeln. Denn dahinter steht die Auffassung: *Du bist so nicht gut genug.*

Die Anforderungen steigen

„Persönliche Freiheit und Stärkung der Rechte des Einzelnen haben in der Menschheitsgeschichte jetzt einen bisher nicht da gewesenen Hochstand erreicht. Nun müssen wir aber erkennen, dass nicht nur die Verantwortlichkeit für das Gemeinwohl dabei stark gelitten hat und viele teure und schädliche Nachteile entstanden sind, sondern auch eine heimliche Aushöhlung der individuellen Rechte und wirklichen Bedürfnisse stattfindet. Durch Globalisierung und mechanistische Personalpolitik (z.B. es wird auch entlassen, wenn Gewinn gemacht wird) wird der Einzelne immer weniger wert. Der Arbeitnehmer wird gefeuert, auch wenn er gut ist und sich 40 Jahre für das Unternehmen abgerackert hat. Es tritt eine deutliche

Entwertung der Leistung des Einzelnen ein.[52] Damit wird nicht nur der Psyche die unbedingt erforderliche Nahrung entzogen. Auch die Basis für Freiheit und Selbstverwirklichungsbemühungen fehlt. Gleichzeitig verschärfen sich allgemein die Anforderungen, beispielsweise im Bereich der Arbeit: Inhalte werden komplexer, der Druck nimmt zu, Rationalisierungsmaßnahmen drohen. Es mehren sich die Anzeichen dafür, dass die Psyche das nicht mitmachen kann.

Schwere psychische Krankheiten, wie beispielsweise Schizophrenie, nehmen erfreulicherweise <u>nicht</u> zu. Doch es gibt eine Explosion von Belastungsstörungen, von Angst und Erschöpfung. Medikamente sollen helfen. Aktuell bekommen 27% der Schulkinder belebende oder beruhigende Medikamente. Jeder fünfte Schüler hat psychische Störungen und jeder zehnte ist deswegen in Behandlung. Sind wir eine kranke Gesellschaft? Ernstzunehmende Fachleute gehen davon aus, dass mehr als 50% aller Heranwachsenden mehr oder weniger starke narzisstische Störungen entwickelt haben[53]. Ist das alles noch normal?

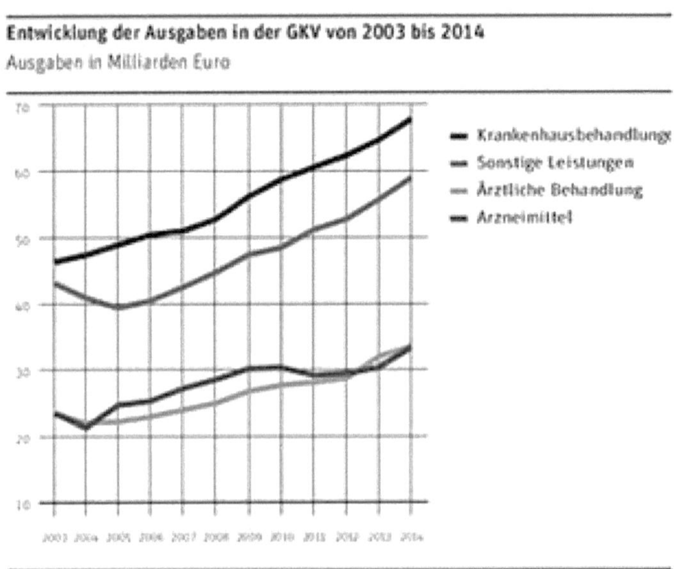

Abb. 9: Ausgaben in Milliarden Euro, IGES auf Basis BMG 2003-2013

---

[52] Röhrig, Lothar, 2016, *Glück finden*
[53] Maaz, Hans-Joachim, 2014, *Die narzisstische Gesellschaft*

Stresserkrankungen nehmen in großen Schritten zu. Burnout ist auf dem Vormarsch – ein Zustand, in dem die ‚Batterie' leer ist und der Körper sich mit allen Mitteln wehrt. Die Diagnose Depression hat sich vervielfacht. Bei den 15-24jährigen sind Suizide auf Grund von Depressionen die zweithäufigste Todesursache. Jeder zehnte Mensch leidet unter dieser Krankheitsart und ca. 25% werden im Laufe ihres Lebens mit den Symptomen zu tun bekommen. Die WHO rechnet damit, dass diese Krankheitsgruppe zur größten Gesundheitsstörung des Jahrhunderts wird.[54]

Ist Therapie eine Hilfe?
Monatelange Warteschlangen für eine psychotherapeutische Behandlung sind hierzulande normal. Dieses System ist nahezu verstopft[55]. In der EU haben angeblich 27% aller Menschen psychische Störungen. Immer mehr Menschen kommen mit ihrem Leben nicht klar. So haben die Natur und die Biologie es bestimmt nicht vorgesehen.

Sigmund Freud, der Begründer der Psychoanalyse, hatte als Arzt das klare Ziel, Patienten gesund zu machen. Heute sehen sich viele Therapeuten leider gezwungen, kranke Menschen an ein *krankes* System anzupassen, statt wirkliche Heilung zu verursachen. Menschen sollen also trotz Erschöpfung, Überforderung, Stresserkrankungen und einer beinahe flächendeckenden Unfähigkeit, ihr Leben gesund zu gestalten, weiterhin für die Wirtschaft und die Gesellschaftszwänge funktionieren. Das kann so nicht klappen. Wirklich schwere Erkrankungen und Deformationen sind in vielen Fällen die zwangsläufige Folge. Körper und Immunsystem machen das nicht mit. Eine Einsicht oder Bewegung, die ungesunden Lebensbedingungen *grundlegend* zu verändern, findet man kaum.

Trotz allgemein rückläufiger Krankenstände in den letzten Jahren wächst der Anteil psychischer Erkrankungen am Arbeitsunfähigkeitsgeschehen. Er kletterte in den vergangenen 39 Jahren von zwei Prozent auf 14,7 Prozent. Die durch psychische Krankheiten ausgelösten Krankheitstage haben sich in diesem Zeitraum verfünffacht. Während psychische Erkrankungen vor 20 Jahren noch nahezu bedeutungslos waren, sind sie heute weithäufigste Diagnosegruppe bei Krankschreibung bzw. Arbeitsunfähigkeit[56].

---

[54] 2009, nach U. Karstädt, Das Dreieck des Lebens, S. 82

[55] Um dieses Problem abzuschwächen, wurde zur Vorbereitung, Begleitung, Nachbereitung oder auch als Ersatz für Therapie das Buch geschrieben: *ANNA dreht sich nicht um*

[56] BKK Gesundheitsreport 2015, S. 247, siehe auch Kolleg : Jena Postwachstumsgesellschaften

47

Krankheitsdauer und Frühverrentung

Die durchschnittliche Dauer psychisch bedingter Krankheitsfälle ist mit 39,1 Tagen dreimal so hoch wie bei anderen Erkrankungen mit 13,3 Tagen[57]. Psychische Erkrankungen sind außerdem die häufigste Ursache für krankheitsbedingte Frühverrentungen.

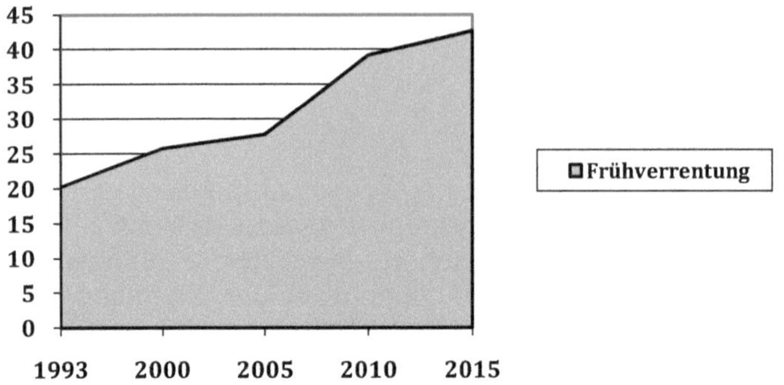

Abb. 10: Prozent der Arbeitsnehmer, die in die Frührente gehen

Zwischen 1993 und 2015 stieg der Anteil von Personen, die aufgrund seelischer Leiden frühzeitig in Rente gingen, von 20 auf 43%[58]. Gegenüber dem Jahr 2000 entspricht dies einer Steigerung um über 69%. Im Vergleich zu anderen Diagnosegruppen treten Verrentungsfälle wegen "psychischer Probleme und Verhaltensstörungen" deutlich früher ein; das Durchschnittsalter liegt bei 48,1 Jahren. Wie schon angedeutet, haben sich nicht die schweren psychischen Krankheiten vermehrt. Die Zuwächse hängen vermutlich mit Stress, vermehrter Sensibilität, unangepasstem Zusammenleben sowie der Enttabuisierung psychischer Störungen zusammen, die dazu führt, dass mehr Menschen heutzutage professionelle Unterstützung durch Psychotherapeuten und Psychiater suchen. Die Folgen für Unternehmen und Volkswirtschaft sind Ausgaben in Milliardenhöhe: Allein die direkten Krankheitskosten für psychische Erkrankungen betragen knapp 16 Milliarden Euro pro Jahr[59]. Laut Berechnungen könnten sie bis 2030 auf rund 32 Milliarden Euro anwachsen. Dabei ist der noch größere Anteil an indirekten Kosten – verursacht durch reduzierte Produktivität während der Arbeitsjahre und vorzeitige Verrentung – noch gar nicht berücksichtigt.

---

[57] BKK Gesundheitsreport 2015, S. 39
Deutsche Rentenversicherung Bund: Rentenversicherung in Zeitreihen 2015, S. 110 + 24
[59] Bundesanstalt für Arbeitsschutz und Arbeitsmedizin, 2011

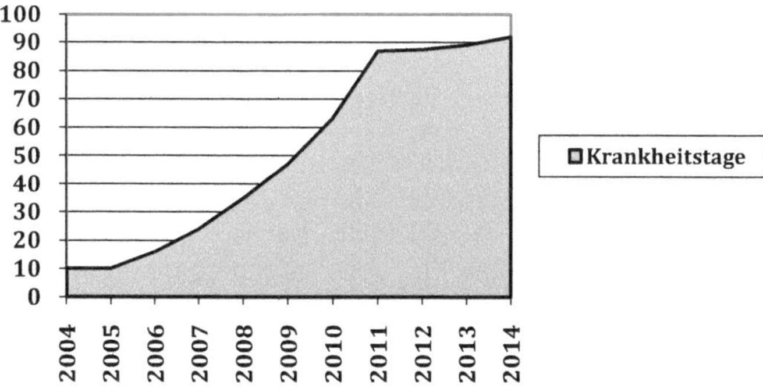

Ab. 11 Das Diagramm zeigt die Entwicklung der Krankheitstage durch psychische Krankheiten. Trotz der Tatsache, dass schwere psychische Erkrankungen nicht zugenommen haben und es einen klaren Trend gibt, Krankschreibungen zu vermeiden, nehmen die Krankheitstage für psychische Erkrankungen extrem zu[60]. Merkwürdigerweise verringert sich die Zunahme zurzeit. Es wird vermutet, dass der Druck jetzt so groß ist, dass Menschen sich aus Angst vor Arbeitsplatzverlust nicht krankschreiben lassen.

Ist Arbeitszufriedenheit eine Lösung?

Es ist paradox. Die Bereitschaft, sich für Mitarbeiter und deren Zufriedenheit einzusetzen, sinkt, obwohl nachgewiesen ist, dass damit der Trend gestoppt und Geld gespart werden könnte sowie eine Verbesserung für alle erreicht würde[61]. Gleichzeitig steigt der Druck, nicht krank zu feiern. Humanitäre Überlegungen haben immer weniger Konjunktur.

Die deutliche Zunahme der Arbeitsunfähigkeitstage aufgrund psychischer Erkrankungen spiegelt sich in den zunehmenden Produktionsausfallkosten wider: Während sie 2008 noch bei geschätzten knapp 4 Milliarden Euro lagen, sind sie bis 2014 auf 8,3 Milliarden Euro gestiegen. Gleiches gilt für den Ausfall an Bruttowertschöpfung durch Krankschreibungen aufgrund psychischer Erkrankungen. Hier gab es im selben Zeitraum eine Zunahme von mehr als 6 Milliarden Euro, von rund 7 auf 13,1 Milliarden Euro.[62] Das wird die Produktkosten erhöhen. Wer kann das alles noch bezahlen? Die Förderung von Arbeitszufriedenheit könnte ein erprobtes und preiswertes[63]

---

[60] Statista.com, Krankheitstage bei Burnout je 1000 Versicherte
[61] Möglichkeiten siehe ivt-hamm.de
[62] Bundesministerium für Arbeit und Soziales und Bundesanstalt für Arbeitsschutz und Arbeitsmedizin: Sicherheit und Gesundheit bei der Arbeit 2014, S. 44
[63] Siehe etwas genauer: www.ivt-hamm.de

Gegenmittel sein. Unerklärlicherweise wird das trotz tauglicher Theorien nicht gesehen[64].

Freiheit oder Abhängigkeit?
Die explosionsartige Vermehrung der Kommunikationsmöglichkeiten und die ganztägige Beeinflussung durch Medien und Interaktionspartner suggerieren größere Freiheit. Tatsächlich binden sie den Einzelnen erheblich mehr ein, beeinflussen ihn von verschiedensten Seiten und nehmen immer mehr Energie und Anteile der Persönlichkeit in Anspruch. Daraus resultieren mehr Verpflichtung, mehr Unsicherheit, mehr Abhängigkeit. Warum müssen wir jederzeit erreichbar sein? Weil wir so wichtig sind? Weil wir Angst haben? Es sollte klargeworden sein, dass der moderne Mensch die zahlreichen psychischen Belastungen nicht aushält. Der Körper wehrt sich, das Immunsystem läuft auf Reserve. Alle möglichen Krankheiten sind auf dem Vormarsch.

An dieser Stelle soll nur eine Statistik über Diabetes[65] aufgezeigt werden: Die Hälfte der weltweiten Diabetiker kommt aus fünf Ländern: China, Indien, den USA, Brasilien und Indonesien. Zusammengenommen repräsentieren sie den Diabetes-Durchschnitt. Wie groß das Risiko ist zu erkranken, hängt auch vom Wohlstand jedes Einzelnen ab. In Ländern mit einem hohen Einkommen erkranken vor allem arme Menschen. In armen Ländern sind es vor allem Reiche. In den letzten 35 Jahren hat sich die Anzahl der Erkrankten auf 422 Millionen vervierfacht.

Andere Krankheiten entwickeln sich ebenso katastrophal, wie beispielsweise Adipositas, Bluthochdruck, Darmfehlfunktionen und Krebserkrankungen. Sie werden durch falsches Verhalten noch unterstützt. Man hat zusammengezählt, dass ca. 600 Millionen von Adipositas betroffen sind.[66] Einige Untersuchungen sprechen sogar von 1,9 Milliarden Übergewichtigen. Besondere Sorgen machen die Kinder, die überproportional von den Krankheiten betroffen sind. Das sind natürlich nicht alle, viele hungern auch „nur"[67]. Wie ungesund unsere Lebensführung ist, kann man auch daran erkennen, dass 68% der Zehn- bis

---

[64] 1985 – 2005 Senkung von 9-14% auf 3-4% (ivt-hamm.de).

[65] Zukunftszahlen sind geschätzt, Deutschland ist vergleichsweise vorbildlich, trotzdem werden in der Zukunft ca. 20% der Bevölkerung betroffen sein.

[66] WHO, verschiedene Medien, Deutsches Ärzteblatt, Die Welt, MDR, weltagrarbericht.de et al gehen sogar von 1,9 Milliarden Übergewichtigen aus, während gleichzeitig 815 Millionen hungern.

[67] 1,4 Millionen laut UNICEF

50

Sechzehnjährigen schon Rückenprobleme haben. Sie tragen zu viel, möglicherweise auch das Falsche und bewegen sich zu wenig.[68]

 ***Eines ist ziemlich sicher: Viele Menschen spüren, dass der aktuelle Weg falsch und unnatürlich ist.***

Es gibt viele Menschen, die mit dem Status quo tief unzufrieden sind. Bezogen auf zwischenmenschliche Beziehungen stellt sich dieses Unbehagen so dar, dass *»[...] weder viel Liebe noch viel Hass zu finden ist. Eher herrscht eine oberflächliche Freundlichkeit und ein mehr als oberflächliches faires Verhalten; aber unter der Haut sitzt Distanz und Gleichgültigkeit. «*[69]

Das bezieht sich nicht nur auf die Gesellschaft als Ganzes, sondern auch auf Teilbereiche wie die Arbeitswelt, die Nachbarschaft und größtenteils auch auf die sogenannten Freunde sowie auf viele Paarbeziehungen. Die Belastungen des modernen Alltags - mit den vielfältigen Anforderungen an jeden Einzelnen - und die Reizüberflutung durch Werbung und Umwelt lassen die Bewertungen, die gewünschten Sollwerte und Erwartungen auseinanderdriften. In früheren Zeiten glaubte man, dass die Diskrepanz zwischen IST und SOLL das Problem sei. Mittlerweile wissen wir, dass es die Diskrepanz zwischen *Bewertung* der IST-Situation und der Erwartung mit einem *geglaubten* Anspruch aus der SOLL-Version ist, was die Probleme auslöst (zweiter Pfeil). Arbeits- und Lebensunzufriedenheit, Fehlzeitenquoten, Fluktuation und sogar Kundenzufriedenheit hängen davon ab.

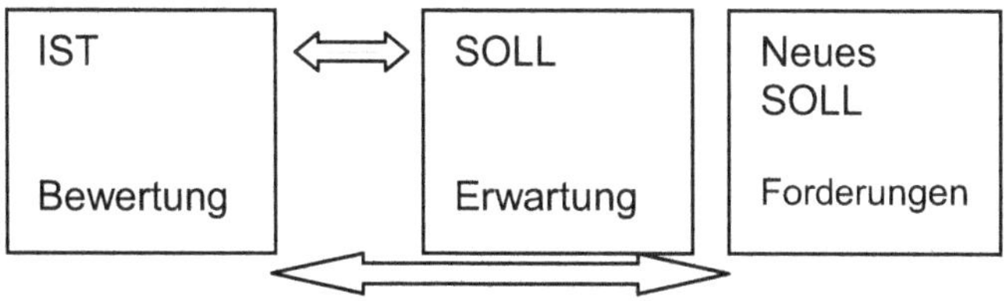

Wünsche und sekundäre Bedürfnisse wachsen, die Diskrepanz wird immer größer. Wir stellen infolgedessen immer größere Ansprüche an Leben, Freizeit und Beziehung, ohne sie in gesundem Verhältnis befriedigen zu können. Eine Verbesserung des Arbeitsmaterials, der IST-

---

[68] Dietrich Grönemeyer, 2012, *Arzt mit Herz und Seele*, S.208

[69] Erich Fromm: *Der moderne Mensch und seine Zukunft*, Frankfurt a. M schon 1960

Werte und der Umwelt haben keine ausgleichende Wirkung mehr. Das macht hilflos, unzufrieden und unglücklich.

 **Deshalb überprüfen Sie regelmäßig Ihre Erwartungen. Sind sie realistisch und fair oder machen sie mich nur unglücklich?**

Wir verursachen narzisstische Störungen

In unserem Gesellschaftsleben findet sich zu häufig ein Mangel an sozialer Zuwendung, an echter und ehrlicher Nähe, an wirklichem Interesse. Obwohl die eigene Sehnsucht danach fortbesteht und sogar eher größer wird, verweigern wir uns und geben sie den Mitmenschen nicht in ausreichendem Maße. Es entsteht das Bild zweier Bettler, die mit leeren Taschen voreinander stehen. Der eine erwartet vom anderen, dass dieser ihm etwas gibt, was er eigentlich selbst als Potential besitzen und abgeben könnte. Achtung und Liebe haben wir als Potential in genügendem Maße in uns, geben sie jedoch - wenn überhaupt - nur in kleinen Mengen ab. Leider übertragen wir das auch auf unsere Kinder. Ca. 60% aller Kinder entwickeln narzisstische Störungen, die das *ganze Leben anhalten*[70]. Wie entsteht so etwas?

»Du bist nicht okay! «

Nahezu täglich wird in Richtung der Kinder gesendet: *Sei nicht so vorlaut. Sitz gerade. Wasch dir die Finger. Schling nicht so. Mit vollem Mund spricht man nicht. Sei nicht so neugierig. Hör zu, wenn ich was sage.* Dahinter steckt allgemein betrachtet die häufigste Botschaft für den „modernen" Menschen in unserer Gesellschaft, in Schulen, während der Arbeit, im Elternhaus[71] :

»Du bist nicht okay! Du bist so nicht mehr okay! «

Offen vorgetragen, aber auch versteckt in gut gemeinten Vorschlägen, Empfehlungen und Erklärungen begegnen uns solche Inhalte sinngemäß tagtäglich. Unsere Kinder, die wir doch lieben, hören den ganzen Tag: *» Tu dies nicht, sei so nicht, sondern so...«* Im Kindergarten und in der Schule läuft es ähnlich weiter. All das sind mehrfach verschlüsselte Botschaften mit einem wesentlichen Anteil, der da lautet: *»Du bist nicht okay! Ändere dich! «* Das wird auch nicht abgeschwächt von der Relativierung: *»Es ist doch gut gemeint. «* Denn viel zu häufig ist das Gegenteil von gut nur gut

---

[70] Maaz, Hans-Joachim, 2014, *Die narzisstische Gesellschaft*
[71] Thomas Gordon: *Die Familienkonferenz*, München 1989

gemeint. Als Einwand wird vorgetragen: »*Das geht doch gar nicht anders, man muss doch was sagen. Soll man alles laufen lassen?*« Natürlich nicht! Doch wenn ein Kind bis zu einem Alter von ca. 7-8 Jahren nicht das <u>sichere</u> Gefühl entwickelt hat, so geliebt und geachtet zu werden wie es ist, entwickelt es eine <u>lebenslang anhaltende</u> narzisstische Störung.

Kinder versuchen dann, der *Sehnsucht, geliebt zu werden*, mit zwei Strategien zu begegnen, um die latente Angst und Unsicherheit zu dämpfen. Sie spielen Rollen und verhalten sich opportunistisch oder sie lösen sich partiell von der Realität und glauben fest daran, viel besser zu sein, als alle es wahrnehmen. Sie verändern ihre Wahrnehmung und Haltung. Beides löst das Problem nicht und lässt Bedürftige zurück. Zurückgelassen werden Menschen, die sich häufig als Opfer fühlen und nichts Besseres zu tun haben, als immer wieder geeignete Täter zu suchen, damit die Chemie in der Beziehung so ist, wie sie es kennen und gewohnt sind. In unserer reichen Gesellschaft ist es deshalb keine Seltenheit mehr, dass Menschen leiden, ohne dass irgendeine Reaktion der Umgebung erfolgt. Mangelkrankheiten aus fehlendem sozialen Kontakt sind deutlich auf dem Vormarsch - und das nicht nur im psychischen Bereich. Auch allgemeinmedizinische Auswirkungen sind nicht mehr zu verleugnen. Psychosomatische Beschwerden nehmen zu, für die kein organischer Befund als Ursache zu finden ist. Moderne Unterhaltungsmedien, Computernetze und elektronische Spiele fördern diesen Prozess in noch unbekanntem Maße.

Dieser eher negativen Sicht kann man natürlich berechtigt entgegentreten und viele Vorteile der modernen Zeit aufzeichnen – von den unglaublichen Möglichkeiten der Informationsbeschaffung bis hin zu Fortschritten in Technik und Medizin. Wir sind im Allgemeinen schon freundlich und hören anderen ganz »ordentlich« zu. Wie wir noch sehen werden, reicht die zurzeit gelieferte Qualität unserer Kommunikation für die in der Zukunft erforderliche Sicherheit, Geborgenheit und Angstfreiheit *nicht mehr* aus. Dennoch gibt es auch hier Hoffnung. Viele Menschen, die unzufrieden mit der aktuellen Situation sind, die Hilfe anmahnen, die auf der Suche sind, sind auch bereit zu lernen. Sie haben noch nicht völlig resigniert und sich nicht mit allem abgefunden. Ein Motiv ist also vorhanden. Doch wenn jeder nur an sich denkt, ist natürlich nicht an alle gedacht.

Es wird also Zeit
Das überträgt auf die Älteren eine Verantwortung für Lern- und Entwicklungsmöglichkeiten, für Chancen und Ziele. Auf eine Art „Schwarmintelligenz" der Menschheit zu hoffen, ist eine sichere Sackgasse. Wir Menschen scheinen als Masse sogar an Dummheit in

unerklärlichem Umfang zuzunehmen. Das zeigt die allgemeine Gleichgültigkeit gegenüber der Ressourcenverschwendung und der Vergiftung des Planeten. Gerechtigkeitshalber bleibt festzustellen: Über sehr lange Zeiträume hinweg haben sich viele Parameter verbessert. Verbesserungen sind also möglich. Die Kindersterblichkeit sinkt kontinuierlich, die Zahl der Hungernden verringert sich von Jahr zu Jahr, obwohl es immer noch beschämend zu viele sind. Die Lebenserwartung steigt gleichmäßig. Nahezu alle Krankheiten werden behandlungsfähig und ihre Gefährlichkeit nimmt wegen der Errungenschaften der Medizin kontinuierlich ab.

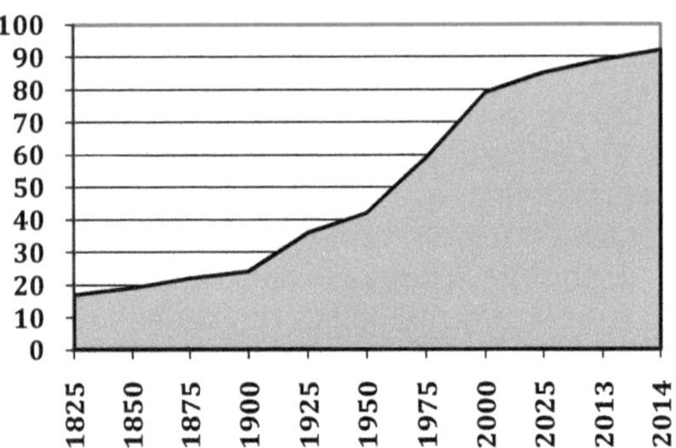

Ab. 12.: Prozentzahl der Menschen, die lesen und schreiben können

Auch die Bildung verbessert sich unaufhaltsam. Hier ist die Fähigkeit, lesen und schreiben zu können, in Prozent der Weltbevölkerung abgebildet. Das ist schon beeindruckend und nährt die Hoffnung, dass auch Information und Aufklärung automatisch mit gefördert wird. Die Zahl der Menschen, die als absolut arm gelten, nimmt kontinuierlich ab und gleichzeitig haben sie mehr Zugang zu Gesundheitsressourcen und zu Technologie und preiswerten Produkten. Sogar die kognitiven Fähigkeiten, das durchschnittliche Bildungsniveau und die Werte der „klassischen" Intelligenztests verbessern sich.

Die Wissenschaft hat im letzten Jahrhundert mehr Fortschritte gemacht als in den vergangenen Jahrtausenden. Auch die Menschenrechte sind auf dem Vormarsch, selbst wenn es regelmäßig Rückschläge gibt. Immer mehr Mitmenschen lernen mit offenem Herzen, die Bedürfnisse anderer zu achten. Wir kümmern uns aufopferungsvoll um Kranke und Flüchtlinge. Menschen, die nicht von existenzieller Not betroffen sind, lässt das noch vorhandene Elend nicht kalt. Mit Trauer und Verzweiflung begegnen sie ihrer momentanen Hilflosigkeit. Trotz wachsendem Egoismus versuchen viele, mit Würde und Anstand die Probleme der Mitmenschen zu begreifen und zu lindern. Autoritäre Systeme können

54

trotz einzelner Rückschritte nicht mehr unbemerkt unterdrücken. Informationen sind nahezu unbegrenzt verfügbar. Das Internet kann von den verbliebenen Despoten nicht mehr vollständig geschlossen werden. Die Entwicklungsmöglichkeiten für Menschen verbessern sich kontinuierlich. Selbst die Anwendung von Gewalt hat sich in den Jahrhunderten erheblich verringert, obwohl es vielen Menschen möglicherweise sehr schwerfällt, das angesichts der aktuellen Nachrichten zu glauben. Trotzdem sinkt die Zahl der Todesopfer durch kriegerische Auseinandersetzungen. „Noch nie war es auf unserem Planeten so friedlich."[72] Trotzdem ist der aktuelle Zustand noch beschämend und kaum auszuhalten, vor allem natürlich von den Betroffenen. Die täglichen Nachrichten zeigen das überdeutlich in vielen schrecklichen Bildern. Genau das ist jetzt eine Stelle, an der ein genaueres Hinsehen und Überlegen sehr viel realistischere Sichtweisen bringen kann, ohne die Trauer, das Entsetzen und vor allem die Verantwortung für unsere Mitmenschen zu vernachlässigen.

Nachrichten müssen immer etwas Besonderes darstellen, sonst sind es keine. Es darf nicht heißen: *Hund beißt Mann"*, sondern *„Mann beißt Hund."* Schlechte Nachrichten sind interessanter und wirksamer als gute. Aus den vielen tausend Informationen suchen sich die Redakteure eine Handvoll heraus, die genau diese Qualität haben. Beliebt sind schreiende Bilder, aufsehenerregende Fakten, laute und schnell wechselnde Reize, Skandalöses und vor allem ein starker Personenbezug, weil das Menschen besonders stark betroffen macht. Wenn wir solche Nachrichten täglich *ohne Relativierung* konsumieren, verursacht das in der Summe langfristig einen ziemlich falschen, aber bedrückenden Eindruck und unrichtige Weltbilder. Hinzu kommt noch, dass viele aktuelle Themen, künstlich verursacht werden, um Macht auszuüben und nützliche Angst zu erzeugen:[73]. Die Fähigkeiten der Menschen, sich dagegen zu wehren und für einen günstigeren Ausgang und langfristige Verbesserungen zu sorgen, sind ausreichend vorhanden.

 ***Der Mensch ist das humorvollste, kreativste, intelligenteste, mitfühlendste, hilfsbereiteste Lebewesen auf diesem Planeten, allerdings auch das aggressivste. Das dürfen wir nicht vergessen.***

Die Unschuld des Nichtwissens ist beseitigt. Alle Kraft und Energie sollte investiert werden, um eine vernünftige Richtung zu beschleunigen und zu mehr Bildung anzuregen.

---

[72] Matthias Horx, 2007; Anleitung zum Zukunftsoptimismus, S. 181
[73] Ebenda

Wir haben das Potential

Das notwendige Potential hat jeder Einzelne von uns. Dazu noch eine gute Nachricht: Die meisten Menschen glauben, ihre Fähigkeiten seien begrenzt. Aktuell betrachtet stimmt das auch. Allerdings entspricht das in keiner Weise unseren Möglichkeiten. Wir könnten um ein Vielfaches mehr. Wir nutzen nur einen sehr kleinen Teil unseres Gehirnes. Die zig Milliarden Nervenzellen in unserem Gehirn können durch synaptische Verbindungen 10^{13} binäre Informationseinheiten (Bits) verarbeiten. Diese Zahl ist größer als die Anzahl der Planeten im Weltall. Wenn wir sie einzeln im Sekundenrhythmus zählen wollen, würden wir dafür zehn Millionen Jahre benötigen. Das alles ist auf doppelte Faustgröße komprimiert. Ein entsprechender moderner Computer wäre 10 000mal größer und könnte bei weitem nicht das, was dieses kleine Organ schafft.[74]

Unser Gehirn hat ein unerschöpfliches, lebenslanges Potential. Es ist allerdings auch sehr speziell. Um es besser nutzen zu können, muss man einiges darüber wissen und berücksichtigen. Beispielsweise besteht eine seiner Hauptaufgaben darin, die unglaublich vielen Daten der Sinnesorgane, von denen in jeder Sekunde Millionen im Gehirn ankommen, zu reduzieren. Unser bewusster Verstand kann 5-10 Informationseinheiten (Bits) in der gleichen Zeit bearbeiten. Damit würden wir nicht überleben können. Bevor wir eine Gefahr erkannt, bearbeitet, einen Handlungsentschluss gefasst hätten, wäre beispielsweise der herannahende LKW längst über uns hinweg gefahren. Deshalb wird alles blitzschnell in ‚Schubladen' geordnet, bewertet, durch verschiedene ‚Filter' ausgesondert, abgeglichen mit Bekanntem, wiedererkannt oder abgelehnt. Mit anderen Worten, es wird alles unternommen, was möglich ist, um die Datenmengen zu ordnen oder zu reduzieren. Dabei werden natürlich Fehler auftreten. Wir sind aber dadurch in der Lage, in Sekundenbruchteilen zu reagieren, ohne nachzudenken. Das Tolle dabei ist: Die Reaktionen sind zu einem sehr großen Prozentsatz richtig.

Um das System stabil halten zu können, wird alles, was nicht zu den vorhandenen Daten passt, einfach nicht zugelassen[75]. Das merkt man manchmal bei Diskussionen. Nach viel Aufregung und unzähligen Dialogen und Angriffen sind die Meinungen nachher noch krasser und härter. Dann sind wir nah dran an der Natur – in der Steinzeit und beim Erbe unserer tierischen Vorfahren. Davon abgesetzte Kultur muss anders sein. *„Die höchste Stufe der moralischen Kultur haben wir erreicht, wenn wir erkennen, dass wir unsere Gedanken kontrollieren sollten."*[76]

---

[74] Sinngemäß aus: 1999, Walter Doyle Staples; *Think like a Winner*

[75] Sonst entsteht z.B. kognitive Dissonanz, die aufwendig bearbeitet werden muss.

[76] Charles Darwin, 1809-1882

Das Wenige, was an unseren Reaktionen nicht gut und richtig ist, wird leider hartnäckig beibehalten. Je weniger Kategorien vorhanden sind, desto richtiger wird das Urteil empfunden, selbst wenn es falsch ist oder sich zeitlich überholt hat. Es wird blitzschnell bewertet und als sehr sicher empfunden. Hat man dagegen ein sehr differenziertes Meinungsbild, dauert die Entscheidung erheblich länger und wird obendrein noch als unsicher empfunden.

Arten des Denkens und Verhaltensgewohnheiten kann man nur sehr schlecht ändern. Denn: Sie fallen dem wachen Bewusstsein so schnell nicht auf, weil sie akzeptiert und normal sind und nicht das Urteil ‚schlecht‘ oder ‚ungünstig‘ verdienen. *„Die Ketten der Gewohnheit sind gewöhnlich zu leicht, als dass wir sie spüren könnten, bis sie schließlich so stark geworden sind, dass wir sie nicht mehr sprengen können. Wir sind alle befangen und bedienen uns bestimmter Denkstrukturen, die als Engramme in unserer Seele eingeprägt sind.“*[77]

Da diese „Denkarbeit“ sehr viel Energie benötigt, ist eine zweite wichtige Strategie unseres Gehirns, möglichst Energie zu sparen. Das erklärt auch, warum schwächliche Motivation nicht genügt, um wirklich etwas zu lernen. Um trotzdem weiterzukommen, ist es erforderlich, Dinge ganz bewusst zu lesen und alle Gedanken zuzulassen, bei denen Zustimmung oder eine innere Abwehr existiert oder die im Moment noch gleichgültig und nichtssagend erscheinen. Wir müssen abwarten, nachdenken und uns ständig Fragen stellen, beispielsweise: Was könnte der Nutzen sein? Was gefällt mir daran nicht und warum? Was ist damit genau gemeint? Warum ist der Sprecher davon überzeugt? Das allein kann neue Bereiche erschließen und blinde Flecke ausleuchten. Deshalb lesen Sie bitte in Ruhe die nächsten Ideen, ohne sie gleich zu verwerfen. Prüfen Sie, was bei einer Änderung mit Ihnen und Ihrer Umwelt passieren würde, lassen Sie sich Zeit und vertrauen Sie auf Ihr Gespür. Probieren Sie es aus.

Veränderung ist nicht leicht, aber möglich
Wir können uns selbst nur schwer verändern. Doch es wird genügen, z.B. die eigene Haltung und die vorhandenen Kompetenzen zu überprüfen und anzupassen[78]. Dieser Weg ist sehr Erfolg versprechend. Wir müssen es nur machen: *... die empirische Prüfung aller Daten zeigt, dass eine reale Möglichkeit besteht, in absehbarer Zeit eine solche Welt aufzubauen, wenn*

---

[77] Ebenda S.42
[78] Zusatzinformation: glueck-finden.jimdo.com oder 2016, Röhrig, Bod: *Anna dreht sich nicht um*

es gelingt, die politischen und psychologischen Hindernisse zu beseitigen."[79]

 *Es hat in der Menschheitsgeschichte vermutlich keine Zeit gegeben, in der der Mensch mehr Möglichkeiten für Zufriedenheit und Glück gehabt hat als heute. Leider deutet alles darauf hin, dass er auch nie so unzufrieden war.*

Ein Paradoxon? Sehr viele Menschen erleben eine Überflutung mit Nachrichten, Fakten und Anforderungen. Gleichzeitig wird es immer schwerer, Zusammenhänge zu verstehen. Es wird einfach zu viel. Vermutlich gibt es deshalb aktuell eine steigende Sehnsucht nach Vereinfachung, nach Klarheit, nach einem einfachen Leben, nach gemeinsamen Erleben und Teilen. Stadtgärten entstehen, in denen gemeinschaftlich gegärtnert wird. Regionalität wird wieder wichtiger genommen. Gleichzeitig mehren sich die Gedanken von Rückzug auf Nationales, auf Tradition und die Abschottung von Neuem und Fremden. So glücklich und zufrieden, wie wir sein könnten, sind wir nicht. Glaubt man Untersuchungen, zum Beispiel dem Happy Planet Index, so gehören wir trotz bester finanzieller und materieller Voraussetzungen zu den Unzufriedenen.[80] Wir Deutschen belegen einen Hinterbänklerplatz. Vorne liegen Länder, die ärmer sind, mit viel weniger Konsum auskommen und insgesamt genügsamer sind. Was machen oder denken sie anders als wir?

Eins steht fest: Geld, Konsum, Macht und Aussicht auf ein relativ längeres Leben haben keinen Einfluss auf Glück. Es fehlt an Genügsamkeit, an Hoffnung und - wie wir noch sehen werden - an einem Gefühl von Gerechtigkeit, menschengerechteren Lebensbedingungen und einer menschengerechteren Gesellschaft.

Die folgenden beiden Teile dieses Buches beschäftigen sich daher mit drängenden Fragen: *Was kann ich für mich, für meine Familie, Kinder, Nachbarn praktisch TUN? Welchen möglichen Einfluss habe ich auf der Arbeitsstelle oder in Gruppen, denen ich angehöre?*

---

[79] Erich Fromm: *Anatomie der menschlichen Destruktivität*, S. 487, 1977
[80] New Economics Foundation, 2006, Happy Planet Index, nähere Infos: happyplanetidex.org oder neweconomics.org

Teil 4:
Nach welchen Regeln leben wir?

Mir erscheint es oft unglaublich, es ist aber leider wahr: In vielerlei Hinsicht leben wir nach Regeln, die wir mit Haushühnern und Primaten teilen. Man kann sich berechtigt fragen: *Mehr haben wir als „Krone der Schöpfung" nicht zu bieten?* Der Mensch hat ein unglaubliches Potential. Mit einiger Anstrengung könnte er bessere Möglichkeiten entwickeln und kultivieren und damit in einer anderen, menschlicheren Qualität leben. Bei den Primaten und Hühnern geht es in erster Linie um Futter oder Fortpflanzung. Es bestehen festgefügte Rangreihen, die nicht so ohne weiteres angezweifelt werden. Eine leichte Drohgebärde reicht aus, um den Ungehorsamen an seinen Platz zu erinnern. Häufig wird dies vor allem bei Primaten von lautem Geschrei begleitet. Der Lärm ist kein Hinweis auf ein aggressives Potential, sondern verstärkt nur die Wirkung und stresst zusätzlich. Das funktioniert im natürlichen Umfeld so gut, dass man von einer relativen Aggressionslosigkeit sprechen kann.

Wir Menschen haben die gleichen Impulse in uns und wollen ständig Rangreihen bilden. Wir können im Gegensatz zu Primaten und Hühnern aber viele beliebige Reihen bilden, Reihen neu erfinden oder uns Reihen einbilden, ohne sie mit anderen abzustimmen. Im Alltag machen wir von diesem Verhalten häufig Gebrauch: Beispielsweise im Verein, am Arbeitsplatz und im Hobby. Wir nutzen nahezu jede Gelegenheit. Das fällt uns meist gar nicht auf, weil es unendlich viele Varianten gibt und wir alle ein Teil davon sind. Die gerade herrschende Rangreihe ist oft gar nicht klar. Erst wenn es knallt, hat der eine oder andere den Verdacht, dass es um Macht und Ränge geht. Außenstehende verstehen häufig gar nicht, wieso es zu verbitterten Kämpfen kommt und schauen kopfschüttelnd zu. Dieses Verhalten ähnelt stark dem der Primaten: Wir zeigen Imponiergehabe, drohen und schreien. Manche haben das so verfeinert, dass es verändert in Erscheinung tritt mit Liebesentzug, Schlechtmachen, Anschwärzen, in Fallen locken usw. Die Strategie lautet: *Selbsterhöhung durch Fremderniedrigung.* Erfahrungsgemäß funktioniert es nicht wirklich, ist aber trotzdem unglaublich beliebt.

Sollten wir nicht mehr können als Primaten? Müssen wir uns verhalten wie Affen oder Haushühner?

Schauen wir dazu einmal genauer hin: Sind Lebewesen in der Lage, fünf bis zehn ihrer Artgenossen genau wiederzuerkennen und zu identifizieren, so fangen sie an, Rangreihen zu bilden. Sie wissen, wer einen höheren Rang hat. Streit gibt es nur in Rangnähe und das auch sehr selten. Meist genügt eine Drohung, um klarzumachen, wer höher steht. Je attraktiver und höher der Rang, um den gekämpft werden soll, desto größer sind die

Streitneigung und die Wahrscheinlichkeit einer Auseinandersetzung. Aggressionen werden allerdings normalerweise nicht ausgeübt, sondern mit Drohungen, Imponiergehabe und Zurechtweisungen „im Zaum gehalten."

Zu ähnlichen Ergebnissen kamen einige Forscher schon vor einigen Jahrzehnten. In Wettkampfversuchen konnten die Teilnehmer ihre Partner frei wählen. Der Vergleich der eigenen Leistungsfähigkeit und das Vertreten der eigenen Meinung lockten nur da, wo sich die Unterschiede zwischen den Partnern in engen Grenzen hielten und gering waren. So etwas kennen wir von Diskussionen. Spontane Beurteilung und Bewertung des Gegenübers werden wie selbstverständlich durchgeführt und treten regelmäßig auf. Die eigene überschätzte Leistung wird automatisch mit der vermuteten Leistung des Gegenübers in Beziehung gesetzt. Auch diese „Grundverhaltensweisen" beherrschen wir Menschen perfekt. Manche Eltern fordern ihre Kinder sogar auf, sich nichts gefallen zu lassen und zu kämpfen. Unsere Gesellschaft ist durchzogen von Konkurrenz und Kampf. Mobbing, Demütigung und Angriff sind die Folgen. Ernstzunehmende Stimmen[81] mahnen und fordern, wir sollten endlich eine Art update mit unserem Gehirn machen und animalische Kämpfe aufgeben und uns auf Kooperation und Gemeinsamkeiten konzentrieren. Das wird die Qualifikation der Zukunft sein. An den Kleinkindern kann man deutlich sehen, dass wir das können. Wir fördern es nicht genug und gewöhnen den Kindern die guten Ansätze wieder ab. Wenn wir es nicht schaffen, unser Gehirn und unsere Empathiefähigkeit in den Vordergrund zu holen und zu fördern, könnte das unser Ruin sein.[82] Je umfangreicher unsere sozialen Fähigkeiten entwickelt sind, umso größer sind die Möglichkeiten, in der Gruppe zu agieren, emphatisch zu sein und zukunftssicher zu funktionieren. Das bedeutet, wir Menschen könnten durchaus von unseren besseren Fähigkeiten Gebrauch machen und andere, menschengerechte Formen erproben und optimieren. Aber warum tun wir das nicht, und welche menschengerechteren Formen könnten das sein?

Welcher Nutzen steckt hinter Rangordnungen?
Überprüfen wir dazu zunächst einmal den Nutzen von Rangreihen. Rangordnungen sorgen für Ordnung und vermeiden weitgehend offene Aggression. Gleichzeitig schützen sie die Schwächeren, weil bei einem Streit zwischen Rang 3 und 4 der Chef in der Regel 3 zurechtweist und 4 unterstützt. Bei Tieren funktioniert das sehr gut; regelt aber - grob gesagt - im Wesentlichen nur zwei Bereiche: Futter und Sexualität, also im

---

[81] Z.B. M. J. Ganser (Physiker, Mathematiker, Astronom)
[82] Stephen W. Hawking (Astrophysiker , Mathematiker)

übertragenen Sinne die Genfitness. Wir Menschen betreiben sehr viel mehr Aufwand: Wir erfinden ständig neue Rangreihen. *Wer hat das größte Auto? Wer kann sich am meisten kaufen? Wer ist der Beste im Unterricht, im Sport, in der Disco? Wer hat die meisten Freunde bei Facebook? Wer sieht am besten aus?* Und so weiter und so weiter.

Es ist leider für die meisten Menschen so, dass sie in vielen Bereichen nicht »Affe eins« sein können. Denn das kann nur eine Person in der Rangreihe von sich behaupten. Zur Gesunderhaltung unseres Selbstwertsystems brauchen wir jedoch dringend soziale „Streicheleinheiten" und Wertschätzung. Es liegt deshalb nahe, irgendwo die erste Geige spielen zu wollen. Es entsteht eine Art Zwang, sich nach solchen Gelegenheiten umzusehen. Notfalls reden wir uns einfach ein, wir seien in diesem oder jenem Bereich weit vorn oder bilden uns etwas darauf ein, beispielsweise Deutscher oder FC Bayern-Fan zu sein, obwohl wir persönlich gar keine Leistung dazu beigetragen haben. Dieses fremde Motiv lässt erst bei einer relativ guten Befriedigung des Selbstwertes nach. Man kann also etwas vereinfacht sagen, dass je geringer das Selbstwertgefühl ist, desto mehr Energie wird in solch ein „animalisches" System investiert.

Abhilfe könnte hier Bewusstseinsfähigkeit schaffen sowie die Möglichkeit, Ich-Stärke, Selbstsicherheit und Bewusstheit zu erlangen. Diese Fähigkeiten fordern von der psychosomatischen Ganzheit des Menschen die Einsicht, zwar einmalig, aber nicht auf allen erwünschten Gebieten optimal zu sein. Sich damit auseinanderzusetzen, ist nicht für jeden angenehm, weil es kurzfristig das Negative und die Schwächen in den Vordergrund holt. Es hilft aber sehr, tut auch nach Aussöhnung wirklich gut. Fassen wir noch einmal zusammen:

1. Der Mensch hat die starke Neigung, neue und andere Rangordnungen zusätzlich zu begründen und auszuleben. Je schwächer das Selbstwertsystem ist, desto stärker ist dieses Motiv.

2. Der Mensch ist das einzige Lebewesen, das sich einbilden kann, es sei „Affe Eins", obwohl eher etwas anderes stimmt.

3. Der moderne Mensch hat häufig keine freie Wahl und Entscheidung. Er muss in vielen verschiedenen Gruppen leben, wie z.B. Familie, Nachbarschaft, Freunde, Vereine und Arbeitsstelle. Das macht das Leben sehr kompliziert und unübersichtlich.

4. Unsere westliche Kultur zwingt uns, wie wir noch sehen werden, in sehr verschiedenen Arten von sozialen Systemen zu interagieren, die nach unterschiedlichen Regeln funktionieren.

Außer der Rangordnung kennt und beherrscht der Mensch noch weitere soziale Formen. Nicht selten kommt es vor, dass einige Menschen – entsprechend ihrer vorhandenen individuellen Fähigkeiten - nicht oder nur schwer in der Lage sind, den sozialen Anforderungen der Rangordnung zu entsprechen. Wieder andere wollen gar nicht nach dieser Ordnung leben, sie bevorzugen Herdenstrukturen. Dort können die Gruppen erheblich größer sein und die Macht kann extrem bei der Führung gebündelt werden. Es wundert deshalb nicht, dass das für Firmen interessant ist. Sie organisieren sich üblicherweise nach differenzierten Herdenstrukturen – dies tun jedoch auch kriminelle Banden, Rockergruppen, Hooligans und Vereine.

Warum bilden sich überhaupt soziale Formen?
Lebewesen auf diesem Planeten haben Vorteile davon, wenn sie sich in Gruppen zusammenschließen. Sie haben dann nachweislich weniger Stress, sind besser genährt, wehren sich erfolgreicher gegen Feinde und haben demzufolge günstigere Möglichkeiten, ihre Gene weiterzugeben (Genfitness). Es gibt also viele gute Gründe und Vorteile, sich in Gruppen zusammenzuschließen. Lebewesen organisieren ihr Zusammenleben immer genau nach den Möglichkeiten, die sie intellektuell haben. Die Strukturen sind vielfältig: von sehr einfach bis sehr kompliziert. Betrachten wir zunächst die sozialen Fähigkeiten einiger Lebewesen, um dann über die menschliche Zukunft nachdenken zu können.

Es gibt Tiere, zum Beispiel die Schnecken, die - von der Natur benachteiligt - andere nicht erkennen können. Ihre Fähigkeit zu sehen, beschränkt sich auf Schatten, auf die Wahrnehmung von hell bis dunkel. Es ist leicht nachvollziehbar, dass soziales Funktionieren, Suchen, Erkennen und Kontaktaufnahme für Schnecken unmöglich oder zumindest extrem schwierig sein müssen. Die Antwort auf der „sozialen" Ebene gibt die Natur, indem sie für diese »eingeschränkte« Art Zwitter vorsieht. Das bedeutet, dass jeder Artgenosse bei jeder Begegnung für eine Paarung geeignet ist. Das erleichtert die Sache. Nur wenig Interaktion ist vonnöten. Durch diese „kleine" Anpassung ist ein überlebensfähiger Kompromiss gefunden, aber so richtig sozial ist das natürlich noch nicht.

Erst wenn Lebewesen ihre Artgenossen als solche erkennen können (oder auch schon bestimmte Feinde), bilden sich soziale Interaktionen mit Regeln. Artgenossen erkennen heißt in diesem Falle noch nicht, sie individuell im Sinne einer namentlichen Zuordnung zu identifizieren. Es gibt nur Artgenossen. Für dieses einfache Maß an Fähigkeiten hat die Natur auch eine passende Antwort entwickelt: Die soziale Form der anonymen Schar. Sie bringt mancherlei Vorteile. Jedes Lebewesen warnt die anderen vor Gefahren. Die Wachsamkeit und die Überlebensmöglichkeit nehmen zu. Flucht und Beruhigung folgen bestimmten Regeln. Sogar gemeinsamer Angriff wird möglich. Dieser Vorteil für die natürliche Selektion hat aus menschlicher Sicht den Nachteil, dass auf einen solchen Alarmruf alle flüchten müssen. Die eigene rationale Entscheidung zu verharren, um sich beispielsweise allein am Futter zu erfreuen und nicht die Flucht zu ergreifen, ist unmöglich. Diese Art des Verhaltens finden wir häufig bei Vögeln. Sie ist aber auch beim Menschen nachzuweisen. Wir kennen dieses Verhalten als Panik. Tritt sie ein, ist es ebenfalls nicht in das Ermessen eines einzelnen Menschen gestellt zu entscheiden, ob die Alarmzeichen echt oder nur zufällig auftreten. Kommt die Gruppe in eine panische Bewegung, so flüchten alle. So gesehen ist es keine Katastrophe oder kein Unglück, wie manche glauben, sondern ein regelgerechtes Verhalten, von Genen und Bewusstseinsinhalten (Memen) verursacht. Dieses Verhalten kennen wir oder es wohnt zumindest als „Verhaltensweisheit" in uns und funktioniert sofort, sobald das Gehirn genügend Kontrollfunktionen verliert. Solche Notfallreaktionen oder Alarmreaktionen[83] sind für Menschen eine Ausnahme, bei anderen Lebewesen aber eine normale, natürliche Aktionsform ihrer Gesellschaftsstruktur. Die Gruppe spielt dabei die Rolle eines Verstärkers, Auslösers und Förderers eines solchen Verhaltens.

Herden haben einen Chef
Sind Lebewesen in der Lage, einzelne Artgenossen individuell zu identifizieren, so bilden sie Herdenstrukturen. Es gibt ein Leittier, eine Art Führung. Die Herdenmitglieder kennen, beziehungsweise erkennen alle den Chef. Der Führer kennt nur seinen Rivalen und je nach den bestehenden Paarungsregeln möglicherweise einige Weibchen. Mit anderen Worten: Es reicht als Fähigkeit aus, einen Gruppenangehörigen oder zumindest einige wenige zu kennen und zu erkennen.

Auch in dieser Gruppe kann jedes Mitglied Alarm melden. Jetzt fliehen nur die Überängstlichen, sie kommen aber auch sofort zurück, wenn der Führer nicht ebenfalls flieht. Erst wenn auch die Leitung den Alarm bestätigt, flieht die ganze Gruppe. Der Führer legt den Fluchtweg fest und entscheidet die meisten Dinge. Allerdings hat er auch Pflichten, die er nicht vernachlässigen darf. Er muss sich um die Gruppe kümmern, sie beschützen und vor Schaden bewahren. Auftretende Feinde werden

---

[83] W. D. Kudel: Lehrbuch der Psychologie, S. 212

deshalb zunächst von ihm angegriffen und nach Möglichkeit in die Flucht geschlagen. Führung ist so gesehen nicht nur ein Vorteil. Für diese „Aufopferung" gehorchen die Gruppenmitglieder in der Regel absolut und ohne Widerspruch (in der Natur). Aggressionen treten sehr selten auf, eigentlich nur wenn dem „Führer" der Platz streitig gemacht werden soll. Das könnte sein, wenn er beispielsweise zu alt und schwach geworden ist. Sonst herrscht ein ruhiges, aggressionsfreies Klima. Gezielte Aggression nach außen ist möglich, zum Beispiel gegen eine andere eindringende Gruppe. Hierbei übernimmt der Leiter wieder eine Führungsrolle. Vergleicht man diese Form mit der anonymen Schar, so kann man sich leicht vorstellen, dass Angst und ähnliche unangenehme Gefühle hier viel seltener auftreten. Geborgenheit und ein Gefühl der Sicherheit gehen in erheblichem Umfang von der Gruppe aus. Sie ist attraktiv und macht furchtlos. Hier gilt das gleiche Gesetz, das aus der Sozialpsychologie bekannt ist: *Reduktion von Furcht begründet ein starkes Bedürfnis nach Kontakt.* Unsere Vorfahren, die Jäger und Sammler, lebten vermutlich in solchen ähnlichen Strukturen.

Der menschliche Herdentrieb

Auch aktuell gibt es menschliche Gruppen, die sich so organisiert haben, wie zum Beispiel einige Banden und Familienclans. Alexander Mitscherlich schreibt dazu: *»Ursprünglich war die Sozialnorm der Menschen die der geschlossenen und exklusiven Gruppe, der Horde oder des Stammes«*[84]. Die Horde, Sippe und der Stamm sind in den Grundzügen wie eine Herde organisiert. Peter Robert Hofstätter[85] beschreibt ebenfalls ähnliche Formen. Nach seiner Auffassung sollen sie selten vorkommen. Er meint, der Mensch habe jeder Gruppe gegenüber ein gewisses Maß an Freiheit und könne in mehreren Gruppen gleichzeitig sein. Deshalb unterscheide sich der Mensch grundsätzlich von der tierischen Herde.[86] Diese Unterschiede wird keiner abstreiten wollen, trotzdem sind die alten tierischen Verhaltenskompetenzen vorhanden. Wir kennen den „menschlichen Herdentrieb", beispielsweise am Büffet oder bei Massenveranstaltungen. Wir tun etwas, was die Gruppe vormacht, ohne eigenen Entschluss, ohne nachzudenken. Diese »Mitläuferschaft« erstreckt sich nicht nur auf den Weg, sondern auch auf die Motivation und das Verhalten. Es werden manchmal wider besseren Wissens Handlungen nach- und mitgemacht, die man eigentlich nicht vorhatte. Was eine Gruppe bei entsprechendem Klima, bei starker Dynamik und entsprechender Identifikation vormacht, zwingt in einem gewissen Sinne zum Mitmachen. Das nennt man *Diffusion der*

---

[84] A. Mitscherlich: *Massenpsychologie ohne Ressentiment*, Frankfurt a. M 1972, S. 178
[85] Peter Robert Hofstätter: *Gruppendynamik*, S. 25
[86] Ebenda, S. 21

64

Verantwortung. In der Natur stellen sich dadurch viele unbestreitbare Vorteile für die Lebensbewältigung und damit auch für die natürliche Selektion ein. Feinde oder Gruppenfremde werden sofort erkannt und mit der entsprechenden Vorsicht behandelt oder gezielter bekämpft. Das macht diese Form auch für Banden und kriminelle Vereinigungen attraktiv.

Der Mensch ist in allen Formen zu Hause

Es bleibt festzuhalten, dass alle Menschen diese Regeln kennen und verinnerlicht haben. Kommen sie in Gruppen, wissen sie automatisch, „was die Stunde geschlagen hat." Mit zunehmender Kompetenz der Lebewesen verfeinern sich die sozialen Formen. Bestimmte Aufgaben werden von verschiedenen Mitgliedern ausgeübt. Eine Art von Arbeitsteilung entsteht, die Herde differenziert sich. Es ist nicht ungewöhnlich, dass Rehe beispielsweise beim Äsen jeweils nur eine Seite der Lichtung bewachen. Jagende Lebewesen treiben mögliche Opfer vor sich her, weil ein anderer Teil der Gruppe auf sie wartet. So entstehen differenzierte Herdenstrukturen. Auch das kennen wir Menschen. Diese Strukturen haben eine auffällige Ähnlichkeit mit Vereinsordnungen und den meisten Organigrammen von Firmen und Behörden. Obwohl wir viel schlauer als Rehe sind, machen wir es ähnlich. Der Verhaltensforscher Konrad Lorenz deutet Ähnliches an, indem er schreibt: *»Im Zustande der ältesten Jäger- und Sammlergruppe ist die Organisation der menschlichen Gesellschaft nicht viel komplizierter als etwa die eines Wolfsrudels, einer Schimpansenhorde oder einer Schulklasse. «*[87]

Wir müssen uns zwischendurch daran erinnern, dass der Mensch erst seit kurzer Zeit als Kulturwesen existiert. Um ein Vielfaches länger lebte er eher nach tierischen Mustern. Seine heute noch wirkende Genausstattung hat der Mensch überwiegend in dieser Zeit des Jägers und Sammlers entwickelt. Der Psychoanalytiker, Philosoph und Sozialpsychologe Erich Fromm untersuchte die Gesellschaftsformen in Bezug zur jüngeren Geschichte und stellte ebenfalls eine Beziehung zum System Herde her: *„An Stelle der alten präindividualistischen Clan-Identität entwickelte sich eine neue Herdengleichheit, bei der das Identitätsgefühl auf der Gewissheit und Fraglosigkeit der Zugehörigkeit zur Menge beruhte.*[88]*"*

Dazu ein Beispiel: Betrachten wir einmal Frau X in einem von ihr bewohnten Altenheim. Die erste Gruppe, die sich erkennen lässt, ist die der Mitbewohner. Frau X weiß sogar, um wie viele Personen es sich

---

[87] Konrad Lorenz: *Der Abbau des Menschlichen*, München 1983, S. 151.
[88] Erich Fromm: *Der moderne Mensch und seine Zukunft*, S. 59

handelt. Alle kennen sich. Jeder weiß: Ich gehöre in dieses Heim und alle anderen gehören auch hierher. Jeder Heimbewohner nimmt sich selbst als Individuum wahr. Gleichzeitig ist ihm bewusst, zur Gruppe der Heimbewohner zu gehören und dazu gezählt zu werden. Diese Identität stützt sich auf das gegenseitige Sehen und Gesehenwerden. Blickkontakte und der Bekanntheitsgrad schaffen eine Beziehung, die mit der Sozialform »Anonyme Schar« vergleichbar ist. Blickaustausch, Grüßen, Wiedererkennen und Lächeln sind als soziale Interaktion zu verstehen. In diesem Sinne kommunizieren alle Lebewesen in einer »Anonymen Schar« miteinander, sie sehen sich an und »wissen«, dass die Gruppe gegenwärtig ist. Ein Sicherheits- und Geborgenheitsgefühl macht sich breit, was, wie wir wissen, unzählige psychische und physische Vorteile hat, beispielsweise auch ein gesünderes und längeres Leben ermöglicht. Allerdings kennt Frau X einige Bewohner des Altenheimes mit Namen und erkennt sie als Persönlichkeit. Sie reagiert individuell auf die Einzelnen und wartet auf Reaktionen. Die jetzt auftretenden Interaktionsprozesse begründen, wenn man so will, eine andere und neue Form. Die Heimleiterin und die Pfleger, das Bedienungspersonal, der Koch und die Putzfrauen bilden mit den anderen Bekannten eine differenzierte Herdenstruktur. Spezielle Aufgaben- und Rollenverteilungen gliedern automatisch eine Art Rangsystem. Leitung, Verwaltung und Pfleger auf der einen Seite und auf der anderen Seite die größere Gruppe der Gepflegten werden wechselseitig verschieden gesehen, bewertet und behandelt.

Darüber hinaus hat sich Frau X mit drei anderen Frauen angefreundet, sie unternehmen meist alle Dinge gemeinsam, sitzen zusammen und sprechen miteinander. Jede kennt die Besonderheiten, Stärken und Eigenarten der anderen, weiß woran sie ist und kann über Besonderheiten und Fähigkeiten der Freundin Auskunft geben. Bei genauem Hinsehen wird man bei diesem engen sozialen Kontakt feststellen, dass nicht jeder Beitrag gleiches Gewicht in dieser Gruppe hat. Meist schließt sich die Gruppe nach einigem Zögern der Meinung von Frau Y an. In Modefragen wird ohne jeden Zweifel die ehemalige Geschäftsführerin eines Modegeschäftes, Frau O, um Rat gefragt. Es bestehen mehrgliedrige Rangreihen, die sich zwar verändern können, die aber an sich sehr rigide sind. Alle Arten erfordern aber ein <u>anderes</u> Verhalten und funktionieren nach <u>unterschiedlichen</u> Regeln.

Unsinnigkeit durch Vermischung
So oder ähnlich wie Frau X geht es den meisten Menschen. Es gibt zum Beispiel auch in der Arbeitswelt Gruppenformen, die sehr unterschiedlich sind und unterschiedlich bearbeitet werden *müssten*. Es gelten nämlich

jeweils andere Regeln. Wir berücksichtigen das aber nicht. Wir beurteilen Menschen individuell (Rangordnung), bewerten und schreiben innerlich Zeugnisse, führen sie als Herde und verwalten sie als differenziertes Herdensystem. Dennoch sprechen wir von Teamarbeit und verlangen Teamfähigkeit. Mit der Nutzung neuer Medien (z.B. Handy) klinken wir uns in eine weitere soziale Struktur ein. Viel unsinniger geht es nicht mehr. Das kann so nicht funktionieren. In diesem selbst gemachten Durcheinander verschiedener sozialer Formen treten Missverständnisse und ziellose Aggressionen in unkontrollierbarer Menge auf. Häufig weiß man im aktuellen Moment gar nicht, um welche Regel es geht. Immer wieder gibt es Ärger. Das Selbstwertsystem und die Gesellschaft haben damit große Probleme. Die überdurchschnittlich auftretenden Aggressionen belasten nahezu alle Beziehungen.

Psychischer Druck veranlasst Rückentwicklung
Halten wir fest: Die natürlichen Vorteile, wie z.B. geringere Aggression, bessere Gesundheit, Gefühl von Sicherheit und Geborgenheit, sind im Alltag oft aufgehoben und häufig ins Gegenteil verkehrt. Die Menschen nutzen ihre Einbildungs- und Fantasiekraft, um neue Ränge zu bilden. Da agierende Menschen und die aktuell Angesprochenen häufig nicht wissen, in welcher sozialen Form sie gerade agieren, ist alles unüberschaubar und durch Frust und Missverständnis getrübt. Nicht anders ist es am Handy oder bei Facebook. Welche Regeln gelten? Aggressionen und Kränkungen werden normal, weil keiner genau weiß, um welche Rangreihe es gerade geht. Manchmal gelten auch aktuell nur die Regeln von Herdenstrukturen, ohne dass es den Akteuren bewusst ist. Manche sagen:

„Wir sitzen doch alle in einem Boot!
Wir müssen doch zusammenhalten!
Streiten können wir uns später, lasst uns jetzt erst …
Einer für alle, alle für einen!“

Man könnte humanitäres Gedankengut oder eine Hilfestellung dahinter vermuten oder den Wunsch, eine Gemeinschaft ohne viele individuelle Unterschiede zu bilden, um sich sicherer zu fühlen. Getragen wird dieser Wunsch von der Vorstellung der Herdenangleichung und Funktionsverbesserung. Übersetzt heißt das bei einer Rangordnungsgesellschaft: *„Lasst uns die Rangordnungssysteme verlassen und wie eine Herde funktionieren.“* Für Herdensysteme bedeutet es nur die Ermahnung, die Regeln einzuhalten. Die möglicherweise auch vorhandene Hoffnung, sich menschengerechter zu verhalten, wird ausgehöhlt, vernichtet und hat leider keine Chance mehr.

Andererseits wird klar, dass psychischer Druck sehr wohl geeignet ist, Menschen zu regressivem Verhalten zu veranlassen. Das bedeutet: Sie schalten auf einfachere Arten zurück, von der Rangordnung zur Herde usw. Genauso klar ist, dass die Leichtigkeit und Schnelligkeit mit der das passiert, abhängig ist von einer angeborenen Ängstlichkeit, von Vorerfahrungen, von Vorerlebnissen, von Ich-Stärke und vielen anderen Einflüssen.[89] Das alles ist sehr speziell und umfangreich, lässt sich aber individuell bearbeiten.

 ***Wenn Sie sich in eine neue Gruppe begeben, kann es deshalb sehr sinnvoll sein, sofort ein Gespräch über die feststehenden oder nur individuell geglaubten Regeln und Normen mit den Gruppenmitgliedern zu führen.***

Es ist kein leichtes Gespräch, aber es ist für ein stabiles Klima, für gute Beziehungen, für die Qualität der Arbeitsergebnisse und für Konfliktarmut ungemein wichtig. Sonst werden Sie unweigerlich Missverständnissen unterliegen und Fehler machen. Wenn Regeln und Normen klar und möglicherweise sogar nachzulesen sind, ist alles viel stabiler und offener. Missverständnisse und Streit werden vermieden.

Eine neue Zukunft entsteht

Blicken wir deshalb nun auf ein anderes Bild, das die sozialen Formen als eine Art Treppe dar stellt, auf deren Stufen jeweils eine Form angesiedelt ist. So lebt der Mensch überwiegend auf einer der obersten Stufen. Gleichzeitig zeigt das eine zwangsläufige Weiterentwicklung. Wir stehen zweifelsohne seit <u>langer</u> Zeit an der Schwelle zu einer neuen Form. Die Fähigkeit dazu haben wir, trotzdem tun wir sehr viel dafür, zu verharren[90] und jede *Weiterentwicklung zu verhindern*. Politik, Wirtschaft und Werbung helfen dabei.

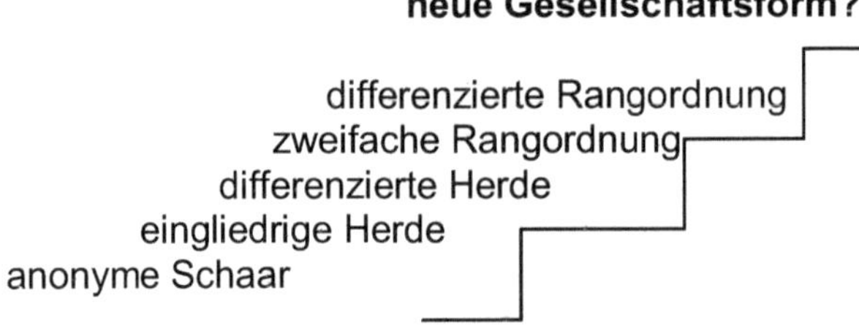

---

89 Genau geschildert in: *Glück finden*, 2016, BoD
90 Ausführliche Analyse und neue praktische Wege in „*Glück finden*" L. Röhrig, BoD, 2016 oder *ANNA DREHT SICH NICHT UM*, BoD 2016

Alexander Mitscherlich sieht das ähnlich: *„Die Entwicklungslinien sind durch die verfolgbare Geschichte der Menschheit hindurch als Konstanten erkennbar, dass sie in geometrischer Progression anwächst, dass aber der Anteil des Ichs am seelischen Geschehen nur sehr viel langsamer wächst."*[91] Folgen wir diesem Gedanken des zwangsläufigen Zuwachses, so könnte die Zeit reif sein für einen solchen Schritt in eine neue soziale Form. Die intellektuellen Fähigkeiten dafür besitzen wir als Menschen schon lange. Die offensichtlich langsamere Ich-Entwicklung sollte zusätzlich gefördert und beschleunigt werden. Bildung und Nachdenken helfen auch hierbei. Sorgen wir also für Ich-Stärke. Viele bestehende Widerstände müssen dabei überwunden werden. Kultivieren wir endlich die dafür erforderlichen sozialen Fähigkeiten. Auf eine Reihe von diesen Möglichkeiten komme ich noch zu sprechen.[92]

Wie könnte eine menschengerechtere Form aussehen?
Es gibt viele Ansätze und unterschiedliche Ansichten über dieses Zukunftsthema. Einigkeit herrscht bei sehr unbestimmten abstrakten Formulierungen. Es sollte human, menschengerecht, zukunftsweisend und weiterbringend sein. Das wird besonders stark von Verantwortlichen gefordert, die in ihren Unternehmen merken, dass es so nicht weitergeht, dass die alten Rezepte von Führung, Arbeitszufriedenheit und Steuerung ihre Wirkung verlieren. Sie müssen in vielen Bereichen schon überlegen, wie sie gutes Personal halten können. Abwarten und einfach weiter so wird kaum erfolgreich sein. Ähnliches fordern auch die Tarifpartner und Politiker. Sie drohen und versprechen, um ihre Führungsansprüche zu begründen. Sind wir uns deshalb alle einig? - Wohl kaum. Wenn es konkreter wird, merken wir sehr schnell, wie wenig ernst dies alles genommen wird und wie trennend Details sein können.

Was heißt das für das eigene Zukunftsverhalten konkret?
Es gibt bereits viele Hinweise und Ideen, obwohl es auch richtig sein wird, *»[…], dass es dem Menschen nicht gegeben ist, eine beste Kultur zu haben, eine, an der er endgültig genesen könnte«*[93]. Dennoch erscheint es mir lohnend, an der nächstbesseren Kultur zu arbeiten, sich auf den nächsten oder den vielleicht ersten Schritt auf einem langen Weg zu konzentrieren. Im Rahmen der persönlichen Möglichkeiten, daran zu arbeiten, scheint zurzeit die einzige Möglichkeit zu sein, den

---

[91] Alexander Mitscherlich: *Auf dem Weg zur vaterlosen Gesellschaft*, S. 139
[92] Umfangreiche Möglichkeiten und Beispiele bei L. Röhrig, *Glück finden*, BoD, 2016 und am Ende dieses Buches
[93] Alexander Mitscherlich: *Auf dem Weg zur vaterlosen Gesellschaft*, München 1973, S. 19

unbefriedigenden sozialen Status quo zu verlassen oder ihn wenigstens zu verbessern.

 ***Es gab in der Geschichte der Menschheit zu keiner Zeit bessere Möglichkeiten zur Selbstverwirklichung innerhalb eines Gemeinwesens als heute. Diese sollten wir konsequent nutzen.***

Einen sehr fruchtbringenden Hinweis bekommen wir durch die genaue Betrachtung der schon wirkenden Veränderungsbemühungen. Betrachten wir deshalb einen Moment die verschiedenen Lebewesen, die in einer Rangordnung leben. Ihre Fähigkeiten sind nicht einheitlich, sondern sehr unterschiedlich verteilt. Solche Unterschiede bilden üblicherweise eine *„Normalverteilung."* Von einer solchen Verteilungsausprägung spricht man, wenn zu beiden Seiten des Mittelwertes gleich viele Daten anzutreffen sind und die Form einer Glockenkurve entsteht.

Beispiele von unterschiedlichen Normalverteilungen:

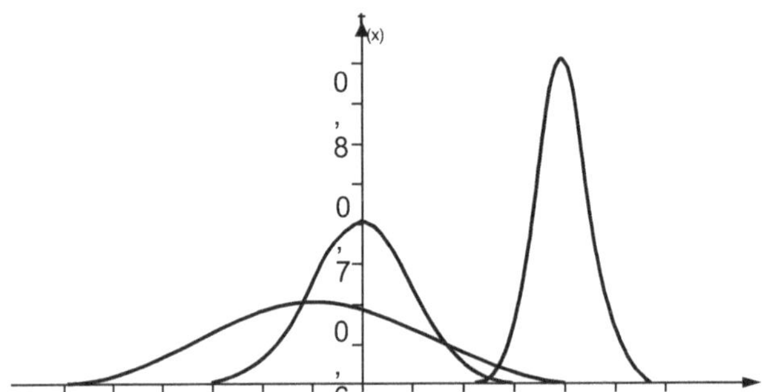

Es gibt z.B. ähnlich viele Menschen, die 10 cm größer sind als der Durchschnitt, wie es Menschen gibt, die 10 cm kleiner als der Durchschnitt sind. Das trifft mit hoher Wahrscheinlichkeit auch für die Fähigkeit zu, alles zu verstehen und in einer bestimmten sozialen Form zu interagieren. Das heißt, es wird Menschen geben, die von ihren Fähigkeiten her nicht in der Lage sind, in unserer Rangordnungsgesellschaft zu leben, und es <u>wird andere geben</u>, die bereits aktuell neue Formen erproben[94]. Der entscheidende Unterschied zu den Tieren und ihren sozialen Strukturen besteht darin, dass es nicht nur die intellektuellen Fähigkeiten allein sind, die es einem Menschen unmöglich machen, sinnvoll und angepasst zu funktionieren. Vielfältige andere Faktoren kommen hinzu, wie zum Beispiel fehlende wirtschaftliche Mittel, ungeeignete Motivation, eine inkompatible

---

[94] Verschiedene Gesellschaften sind seit Jahrzehnten bekannt, siehe z.B. Erich Fromm: Anatomie der menschlichen Destruktivität, S. 191, 1977. Viele Autoren aus den verschiedenen Fußnoten bieten taugliche Anregungen für eine neue soziale Form.

70

Ideologie, Religion, falsche Haltung zu anderen, behindernde Erziehung, Politik und so weiter. Außerdem kann nur der Mensch relativ unkompliziert in seinem »Ausgestoßen-sein« mit anderen »Leidensgenossen« der Gesellschaft eine andere niedrigere Gruppenform finden, die dann nach anderen Regeln funktioniert, z.B. manche Rocker, Banden oder Hooligans. Sie können sich nur einer Sache sicher sein, nämlich dass die »richtige« Gesellschaft sie mit sozialisierender Feindseligkeit betrachtet und bereit ist, notfalls auch Gewalt anzuwenden. Merkwürdigerweise reagiert die Gesellschaft so gut wie gar nicht auf die vielen Firmen, die nach gleichen Herdensystemen organisiert sind. Aber es gibt auch die andere Seite der Verteilung. Betrachten wir die Indizien, die in die andere bessere Richtung einer positiven Weiterentwicklung, einer neuen gesellschaftlichen Qualität gehen.

Mehr Zufriedenheit, Glück und Selbstverwirklichung?
Jahrzehntelange Erfahrungen aus gruppendynamischen Arbeitsweisen zeigen eindeutig, dass eine neue Form in kleineren Gruppen durchaus möglich ist. Eine Gesamtorganisation mit solchen »Kleingruppen« wurde von dem Psychologen Thomas Gordon in vielen Firmen installiert und erfolgreich getestet. In seinem Buch »Managerkonferenz« stellt er solche Überlegungen vor. Von Carl Rogers und seinen Mitarbeitern liegen eine Reihe von Berichten vor, die zeigen, dass eine solche Form möglich und existenzfähig ist. Erich Fromm schlägt ähnliches vor mit einer genauen Analyse neuer Gruppenführungsmöglichkeiten.[95]

Ich selbst habe diesbezüglich ebenfalls gleich gute Erfahrungen gemacht und erkannt, dass die vielen Vorteile keine leeren Versprechungen darstellen, sondern absolut realisierbar sind. Natürlich gibt es viele auftretende Probleme bei der Umsetzung, die in erster Linie durch die Menschen der »alten« Organisationsformen ausgelöst werden. Eine neue menschengerechtere Gesellschaft mit mehr Zufriedenheit, Glück und Selbstverwirklichung ist aber möglich. Das sehen auch Verhaltenstrainer und Therapeuten. Sie erfahren regelmäßig in längeren Seminaren und Therapien, dass für Persönlichkeitswachstum in Gruppen bestimmte Bedingungen bestehen müssen, die vermutlich auch in einer besseren Gesellschaft eine große Bedeutung haben werden. Diese sind:

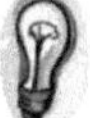

- **der Personengleichheitswert** (nicht die Gleichheit),
- **die Achtung und Wertschätzung,**
- **die Zuwendung, Annahme und Akzeptanz** des anderen.[96]

---

[95] Erich Fromm: *Führung durch die Gruppe selbst,* Aufsatz aus der Gesamtausgabe
[96] Überlegungen bei Erich Fromm: *Der neue Mensch*, S. 173, 183–185,

71

Diese Ziele setzen eine geänderte Kommunikation, einen anderen Umgang miteinander und eine andere Haltung voraus. Arbeitet man ernsthaft an den Voraussetzungen oder an den Zielen, wird sich der Erfolg in allen Bereichen von allein ergeben. Aber darauf werden wir noch zurückkommen. Viele Wissenschaftler und Autoren beschäftigen sich damit. Unzählige Veröffentlichungen stellen im übertragenen Sinne die Frage, wie wir zusammenleben sollten. Wie wir schon wissen, kennt der Mensch alle sozialen Stufen und kann nach den dort geltenden Regeln interagieren. Je nach psychischem Druck schaltet er zurück, von der Rangordnung zur Herdenform und schließlich zur anonymen Schar (Panik). In der Regel kommuniziert er dieses Motiv: *Wir müssen jetzt zusammenhalten! Wir sitzen doch alle im gleichen Boot usw.* Das Motiv, in der „Not" zurückzuschalten, zu regredieren, ist bei allen vorhanden. Allerdings unterscheiden sich die Menschen extrem in ihrer Anfälligkeit dafür. Allgemeine Ängstlichkeit, schwacher Selbstwert, Stress, angstauslösende Ereignisse, ungünstige Vorerlebnisse etc. wirken aus der Situation heraus als starke Förderer.

Mit andern Worten und allgemein ausgedrückt: Man kann jeden Menschen durch Erhöhung des psychischen Drucks dazu veranlassen, sich wie ein Herdentier oder kopflos panisch zu verhalten. Bei dem einen reichen Kleinigkeiten. Beim anderen muss schon sehr viel passieren, damit eine Regression (Zurückfallen in Verhaltensmuster) eintritt. Es gibt vermutlich auch einen sehr großen Unterschied, wie schnell ein Mensch selbst erkennt, wie er sich verhält und so die Handlungshoheit zurückerobert. Sobald man diese Prozesse versteht, ist eine systematische Arbeit möglich. Sie hat das Ziel, die Regressionsneigung abzubauen und die Handlungshoheit zu behalten bzw. möglichst rasch zurückzugewinnen. Darauf werden wir noch zurückkommen, weil die allermeisten Exzesse menschlichen Verhaltens auf diese Regression zurückzuführen sind[97]. Genauso ist es uns allen möglich, uns schon jetzt mit der nächsten sozialen Stufe zu beschäftigen. Das wird mit großer Sicherheit auch eine starke vorbeugende und schützende Wirkung haben und auf andere einen wirksamen Einfluss ausüben.

Ein schöner Gedanke ist: Es wird eine neue soziale Form geben!
Das ist ziemlich sicher, wenn wir nicht zuvor unseren Planeten vom homo sapiens ‚erlösen'. Im anderen Fall wird es in der Zukunft eine andere Form des Zusammenlebens geben müssen. Und das ist nicht nur aus sozialen und humanen Überlegungen notwendig. Wir werden zukünftig zu einer Umkehr gezwungen werden, weil wir die Ressourcen aufgebraucht haben,

---

[97] genau dargestellt in: *Glück finden*, 2016, BoD

weil der Planet vergiftet und zu warm geworden ist, weil die Konsumphilosophie ruinös pervertiert und der Finanzmarkt immer mehr Arme produziert, die es sich nicht mehr gefallen lassen werden, weil wir es so psychisch nicht überstehen können[98].

Dabei werden einige Dinge ganz von allein funktionieren. Die Zahl derjenigen, die den „Kosumismus" nicht mehr mitmachen, wird ständig größer. Sie ändern sich nicht, weil ihnen das notwendige Geld fehlt. Sie reagieren auf ein tiefempfundenes Gefühl, dass das aktuelle Produzieren und Konsumieren nicht richtig ist. Soziale Experimente entstehen an vielen Stellen der Welt. Quellen der Befriedigung außerhalb des konventionellen Shoppen-Gehens werden gesucht und kultiviert[99]. Immer mehr Menschen wird klar, wir brauchen eine Wirtschaft ohne Wachstum. Immer mehr herzustellen, macht schon lange keinen Sinn mehr[100]. Wachstum in Richtung Qualität und Langlebigkeit der Produkte könnte ein sinnvoller Weg sein.

Es mehren sich auch die Erkenntnisse, dass in der Natur *nicht der Stärkere überlebt,* wie viele bislang annehmen, *sondern derjenige, der sich gut anpassen kann*, zuerst werden die zu sehr Gestressten aussterben, unabhängig davon, wie „stark" sie sind.[101] Langfristige Anpassungsnot und Hilflosigkeit stressen nämlich extrem. Wer extrem gestresst ist, hat weniger Nachwuchs oder gar kein Interesse mehr an der Fortpflanzung und bekommt alle möglichen Krankheiten, weil das Immunsystem nicht mehr richtig funktioniert. Das Gehirn ist dann nicht mehr in der Lage, kreativ Anpassungen vorzunehmen, um das Überleben zu sichern. Selbst die erfreuliche Plastizität unseres tollen Gehirns hilft nicht mehr, weil Stress in diesem Organ mögliches Wachstum verhindert[102] und schon kleine Ansätze von vernünftigen Gedanken blockieren kann.

 **Es hilft nur geistige Beweglichkeit, Kreativität und kognitive Wachheit und Bildung.**

Bevor wir uns aus blanker Not, aus Hunger und Durst umbringen und Kriege auslösen, werden wir hoffentlich zur Vernunft kommen. Die Frage ist nur: Wann wird die Einsicht eintreten und wie wird die Zukunft aussehen? Wird unsere Gesellschaft sich auch in dieser Hinsicht weiter

---

[98] Sinngemäß Gerald Hüther, *Biologie der Angst*, 109 ff

[99] Tim Jackson, Wohlstand ohne Wachstum, 2017

[100] Niko Paich, Begründer einer Postwachstumsökonomie; grundlegende Informationen über ressourcenschonende Projekte: Zeri www.zeri.org

[101] Siehe Stiftung *Futurzwei*

[102] ebenda

veränderungsfeindlich verhalten? Aus diesen und vielen anderen Gründen ist eine Beschäftigung mit Veränderungsmöglichkeiten äußerst ratsam. Dumme Fehler und unnötige Zeitvergeudung können verhindert, sinnvolle Schritte gefördert und besondere Vorteile für jeden Einzelnen damit eingekauft werden. Zusammenfassen kann in diesem Zusammenhang bis hier vorgeschlagen werden, dass es auf jedem Fall Sinn macht, sich mit neuen Gedanken und Konzepten zu beschäftigen und in Zukunftsversuchen, Gemeinschaften und gesellschaftlicher Hilfsbereitschaft persönlich zu engagieren.

Suchen Sie in Ihrer Gemeinde nach Zukunftsprojekten. Sie werden überrascht sein, wie viele es schon gibt, vermutlich auch in der direkten Nachbarschaft. Machen Sie irgendwo mit. [103]

Es gibt auch schon Zeitschriften über solche Zusammenarbeits- und Gemeinschaftsformen, die aktualisierte Überblicke geben:

oya: anders denken. anders leben - www.oya-online.de oder
Enorm – Wirtschaft für den Menschen - www.enorm-magazin.de

Zuvor noch ein möglicherweise hilfreicher Gedanke für die verwirrende Vielzahl von Argumenten: *Sollten Ihnen notwendige Veränderungen zwingend, absolut notwendig und auch möglich erscheinen, sie aber nicht angegangen werden, so fragen Sie sich einmal, warum das so ist, welche Erklärungen es dafür geben könnte. Die Verantwortlichen begründen das Nichthandeln mit unzähligen Gründen, aber in der Regel liegen nur zwei vor:*

> *Unwissen und mangelnde Kompetenz oder*
> *kriminelle Energie, Abhängigkeit oder Korruption.*

Natürlich kann auch beides zur gleichen Zeit auftreten. Das ist eine ziemlich erschreckende Formulierung. Aber machen Sie einen Versuch. Sie werden überrascht und erschrocken sein, wie häufig es zutrifft. Es muss klar sein, dass für eine bessere Zukunft eine verbesserte Kompetenz angestrebt werden muss. Damit werden wir uns auf den nächsten Seiten beschäftigen.

---

[103] EU- Modellprojekt : www.bohmte.de   - www.offene-werkstätten.org
für gemeinsames Wohnen = *www.fge-ev.de   Commons-Blo www.regionaler-aufbruch.de*

74

Teil 5:
Praktische Optionen für den Weg in eine menschengerechte, zufriedene und selbstbestimmte Zukunft

„Wir leben nun mal in einer Welt, in der nicht alles so ist, wie es sein sollte. Sie ist aber die einzige, die wir haben. Da Menschen wie wir sie so gemacht haben, wie sie ist, sind wir die einzigen, die sie ändern könnten. Dazu müssten wir uns freilich selbst ändern"[104] und einige Dinge anders machen. Das wird nicht ohne Einsicht, Um- und Dazulernen funktionieren.

Wir alle wissen, dass man sich vornehmen kann, etwas zu lernen. Es ist aber schwer, es tatsächlich erfolgreicher zu tun. Dennoch: Jede Änderung beginnt beim Einzelnen, bei Ihnen selbst. Wenn sich etwas ändern soll, müssen *wir* uns ändern und uns anders verhalten. Zumindest müssen wir dafür sorgen, dass unser Umfeld sich verändert. Andere Menschen ändern zu wollen, ist wenig erfolgversprechend und auch der Versuch ist nicht empfehlenswert. Wir sollten auf jeden Fall nicht damit rechnen, dass sich etwas ändert, solange wir *dieselben Gedanken* denken und dieselben *Verhaltensweisen* zeigen, die die Probleme heraufbeschworen haben. *„Die reinste Form des Wahnsinns ist es, alles beim Alten zu lassen und gleichzeitig zu hoffen, dass sich etwas ändert. Wir können der Tatsache nicht ausweichen, dass jede einzelne Handlung, die wir unternehmen, ihre Auswirkung auf das Ganze hat."*[105] Das Potential dazu haben wir in jedem Lebensalter. Veränderungen geschehen, wenn Menschen sich auf den Weg machen und sich nicht mehr ungeprüft in alles hineinziehen lassen. Das ist leicht und auch schwer. Ausschlaggebend ist, wie wir vorgehen. Um das zu erhellen, schildere ich Ihnen jetzt eine kleine Übung, die zeigt, wie einfach es sein kann, die Umwelt zu verändern.

Freude und Freundlichkeit systematisch herstellen
(einer der wirksamsten Wege und schönsten Übungen)
Alle Menschen benötigen Achtung und Wertschätzung, um ihr Selbstwertsystem zu konsolidieren. Das beginnt natürlicherweise damit, dass man *überhaupt gesehen* wird. In unserer modernen hektischen Zeit beachten wir die meisten Menschen, die wir sehen, gar nicht wirklich. Viele leiden sehr stark darunter, vor allem ältere Menschen. Wir hetzen aneinander

---

[104] Gerald Hüther, *Biologie der Angst*, S. 104
[105] Albert Einstein

vorbei, nehmen keinen Blickkontakt auf. Das wäre bei der großen Zahl auch viel zu aufwendig und anstrengend. Es erzeugt aber ein anonymes, unangenehmes und belastendes Klima fehlender Geborgenheit. Das ist absolut Gift für die Seele und eine Krankheitsursache für die Psyche.

Sie können einen erheblichen Teil davon ändern. Erfreulicherweise ist das gar nicht so schwer. Machen Sie dazu einen Versuch. Wenn Sie sich bei der nächsten Gelegenheit unter Menschen begeben, z.B. beim Einkaufen, schauen Sie zunächst eine Person voll an und lächeln Sie. Sie wird für den Bruchteil einer Sekunde erstaunt sein und dann freundlich zurücklächeln. Was ist jetzt passiert? Ihnen geht es gut und der angelächelten Person geht es auch besser als zuvor. Sie bekommen diese Investition an Freundlichkeit sofort zurück. Es beginnt ein Gewinner-Gewinner-Spiel. Genaugenommen bekommen Sie sogar noch viel mehr zurück. Es verbessert sich das Gesamtklima um einen kleinen Beitrag von zwei Lächelnden. Sehr häufig ist der Angelächelte in den nächsten Minuten nicht nur zu Ihnen, sondern auch zu anderen freundlicher als ohne dieses Erlebnis. Ihnen wird es ähnlich gehen. So können Sie die Welt tatsächlich um einen kleinen Teil verändern. Machen Sie das zukünftig jeden Tag mindestens zehnmal.

 **Sammeln Sie Lächeln!**

Sie werden merken, dass Sie auf lange Sicht viel sympathischer sind und auch so wirken, dass die Menschen sich gern in Ihrer Nähe aufhalten, sich wohl fühlen und eine erheblich bessere Meinung über Sie entwickeln. Und alles macht auch noch dazu viel Spaß. *Die Wirkungen sind unglaublich.* Auf längere Sicht werden die Menschen spüren, dass sie es mit einem friedlichen und freundlichen Menschen zu tun haben. Ihnen wird es damit selbst viel besser gehen, den anderen Menschen ebenso. Die Welt hat sich dann in diesem kleinen Teil tatsächlich positiv verändert. Die Angelächelten werden alles in ihrem näheren Bereich automatisch noch verstärken.

 **Wenn Sie auf jemanden treffen, der kein Lächeln hat, schenken Sie ihm Ihres.**

Nach Möglichkeit sollten Sie diese Übung vor dem Weiterlesen gemacht haben. Ihr Unbewusstes (Unterbewusstsein) benötigt unbedingt die Sicherheit, dass es wirklich funktionieren kann. Dann wird alles viel leichter und zum Teil auch automatisch funktionieren.

Ziele entwickeln, um neue Perspektiven zu eröffnen und schwierigere Bereiche anzugehen

Unser Gehirn benötigt extrem viel Energie. Einige Stunden auf hohem Niveau Schach spielen, erfordert ähnlich viel Kalorien, wie ein Marathonlauf. Unser Gehirn hat deshalb die Strategie entwickelt und in unseren Genen abgesichert, zu jeder Zeit Energie zu sparen. Das kann beim Lernen sehr behindern. Um diesen „inneren Schweinehund" zu überwinden, ist es erforderlich, ein echtes übergeordnetes Ziel zu haben und zu verfolgen. Dieses Ziel muss als Vorsatz mehr sein, als nur den Alltag meistern zu wollen. Hilfreich wäre ein *tief empfundener Beweggrund*, von dem man inspiriert und überzeugt ist. Das zu ermöglichen, ist auch ein Anliegen dieses Buches. Es soll deshalb keine Vor- oder Ratschläge bieten, sondern soll Sie *einladen* und *inspirieren*. Einige Grundvoraussetzungen müssten dafür geschaffen sein, weil es sonst sehr schwierig wird, Wachstum zu organisieren und persönlich weiterzukommen. Sie sollten sich folgende Fragen stellen und vor allem die Antworten dazu finden:

1. Was für ein Mensch möchte ich sein?
2. Wohin will ich mich entwickeln?
3. Welchen Beweggrund habe ich für mein Leben?[106]
4. Wofür will ich leben?

Mit den Antworten (möglichst schriftlich formulieren) werden Sie wieder zum Gestalter Ihres eigenen Lebens und können Ihrem Leben einen übergeordneten Sinn geben. *„Glück besteht nicht darin, dass du tun kannst, was du willst, sondern darin, dass du immer willst, was du tust"*, formuliert es Leo Tolstoi. Vermutlich werden sich danach viele Dinge von allein verändern. Es wird Ihnen leichter fallen, etwas Neues zu lernen, und Ihr Gehirn wird seinen Energiesparmodus diesbezüglich aufgeben. *Ohne entsprechende Antworten und eine passende Haltung wird es sehr schwierig.*

Die meisten Menschen haben das nicht ganz klare und uneingestandene Ziel, die anderen mögen doch bitte so sein und sich so verhalten wie sie selbst. Denken wir das einmal zu Ende, wird schnell klar: Wenn alle Menschen genauso wären wie der Träumer, wird die Menschheit auf diesem Planeten nicht überleben. Erst durch die Unterschiedlichkeit und Vielfalt der Menschen entstehen jene Flexibilität und Kreativität, die für eine Zukunftsgestaltung unbedingt erforderlich sind. Möglicherweise

---

[106] Sehr genau beschrieben in einem Youtube-Video: Gerald Hüther: *Bewusstsein schafft Lebenssinn*

könnte dies zu einer positiven und erfreuten Haltung gegenüber anderen führen. Der andere rettet ja so gesehen anteilig unsere Welt.

Welche Inhalte als persönliche Schritte geeignet sein könnten, stelle ich nachfolgend vor. Prüfen Sie die Einzelheiten, vertrauen Sie auf Ihr Gespür, wählen Sie in Ruhe und nicht zu schnell aus. Jeder Einzelschritt hat ausreichende Qualität. Bitte verstehen Sie meine Hinweise als <u>Einladung</u> und Ermutigung. Sie selbst wissen am besten, was für Sie richtig und fruchtbringend sein kann. Suchen Sie sich einen Bereich aus, der Sie inspirieren kann und beginnen Sie damit. Auf keinen Fall sollten Sie alles auf einmal versuchen.

Menschengerechter zuhören
Unsere alltägliche Kommunikation wird mehr oder weniger so akzeptiert, wie sie ist. Zwar gibt es häufig Störungen, aber das kennt jeder. Und die Aufregung ist schnell wieder vergessen. Sprachwissenschaftler sind da ganz anderer Meinung. Sie sprechen häufig von ihrem Fachgebiet als der Wissenschaft des Missverständnisses. Das hört sich schlimm an, ist es aber leider auch. Untersucht man alles genau und zieht von den gelungenen Sprechakten (z.B. Gespräche) diejenigen ab, die nicht funktionieren oder Missverständnisse ausgelöst haben, ist die Bilanz leider so gut wie immer rot und negativ. Es gibt unendlich viel mehr Möglichkeiten, sich „miss zu verstehen" als wirkliche Verständigung auszulösen. Wir überprüfen es normalerweise nicht, haben uns an die schlechte Qualität unserer Kommunikation gewöhnt und wundern uns nur, dass es häufig „knallt." Wenn man genauer hinschaut, dann gibt es zwei Hauptaspekte bei der Kommunikation. Es geht zunächst darum, möglichst fehlerlos Datensätze zu übertragen. Das kann man relativ einfach überprüfen. Gleichzeitig stehen wir in Beziehungen und gestalten sie durch Kommunikation. Was war mit dem Satz beabsichtigt? Was sollte in der Beziehung passieren? Was denkt der Sender über mich? Um zu verstehen, wie unser Gehirn mit Sprache umgeht, wie das auf Beziehungen wirkt (auch um selbst etwas weiterzukommen und die Qualität zu verbessern) müssen einige zusätzliche Hintergründe bekannt sein. Es ist erfreulicherweise nicht die Inkompetenz des Menschen, die diese negative Bilanz verursacht, sondern eine *Besonderheit unseres Gehirnes,* die man unbedingt kennen und berücksichtigen sollte.

Dazu ein Beispiel: Ein Freund kommt zu Ihnen zu Besuch und sagt: *„Stell dir vor, was meine Schwiegermutter wieder gemacht hat!"* In diesem Moment hat Ihr Freund das Bild von <u>seiner</u> Schwiegermutter im Kopf und entsprechende Gefühle dazu parat. Sie hören z.B. das Wort *Schwiegermutter* und haben ein Bild von <u>Ihrer</u> Schwiegermutter mit dem dazu gehörigen Gefühl vor Augen. Das ist normal und geht auch zunächst nicht anders. Es ist gut vorstellbar, dass der Freund schlechte Gefühle hat und Sie relativ positive. Eine wirkliche Verständigung ist so nicht möglich. Es wundert nicht, dass Sie als Zuhörer sich jetzt normalerweise daran erinnern, was Ihre Schwiegermutter immer macht. Das veranlasst die allermeisten Menschen dazu zu sagen: *„Ja, ja, genau wie meine, die macht immer...“* oder *„Schwiegermütter sind so!“* Dabei geht es eigentlich gerade gar nicht um <u>Ihre</u> Schwiegermutter und auch nicht um Ihre Vorschläge. Ihr Freund hatte ein Problem mit *seiner* Schwiegermutter und wollte darüber sprechen, nicht über Ihre Schwiegermutter.

Das alles geschieht nahezu automatisch und verwundert nicht, weil wir die gesprochenen Sätze entschlüsseln <u>müssen</u>.[107] Selbst viele weitere Sätze des Freundes würden nicht dazu führen, dass Sie das genaue Bild der Schwiegermutter Ihres Freundes sehen, *seine* Gefühle haben oder nachempfinden können, weil Sie ja mit Ihrer Schwiegermutter beschäftigt sind. So klappt wirkliche Verständigung also nicht.

Wenn ein Mensch mit einem Problem kommt, wie in unserem Beispiel, ist es statistisch gesehen so, dass 99 % der Gefragten[108] sicher sind, sie müssten dann zuhören. Sie wissen es also genau, doch ca. 85% hören nicht wirklich zu[109], sondern sprechen über *sich* und *ihre* aktuellen Gedanken und Gefühle. Viele machen, um es endgültig unerträglich zu machen, noch Vorschläge: *„Schwiegermütter sind so, das muss man ertragen.“* Verstanden haben sie zwar so gut wie nichts, sie wissen aber schon, wie man es machen müsste. Gleichzeitig teilen sie dem Freund mit: *„Ich habe zwar nur einige wenige Daten mitbekommen, aber ich halte dich für so unterbelichtet, dass ich glaube, auf diese einfachen Lösungen kommst du ohne meine Hilfe nicht.“* Klar sagt das keiner so, aber das bedeutet es. Damit könnten wir auf jedem Arroganz-Wettbewerb den ersten Preis gewinnen. An diese Unsitte haben wir uns leider mehr oder weniger gewöhnt. Häufig bleibt nach einem solchen Gespräch nur ein schaler Geschmack zurück. Wie gesagt, wir wollen das so nicht, wir wollen ja nur helfen, aber unser Gehirn nimmt normalerweise ziemlich automatisch diesen falschen Weg.

Psychologen fordern deshalb etwas mehr: **Nehmen Sie den Problembesitzer ganzheitlich an <u>mit</u> seinem Problem!** Das geht über das Zuhören hinaus. Doch wie macht man das in der Praxis? Dazu

---

[107] Man kann nicht – nicht dekodieren und entschlüsseln
[108] 1993-96, Test zum Aktiven Zuhören, FHöV, Stichproben > 500
[109] ebenda

blicken wir noch einmal auf unser Beispiel: In dem Moment, in dem Sie im Gespräch mit Ihrem Freund Ihre Schwiegermutter vor Augen haben, halten Sie inne und verdeutlichen sich: *Klar, ich habe jetzt meine Schwiegermutter vor Augen, aber es geht ja um seine. Wie schaut er? Ist er traurig und gekränkt? Wie könnte er sich fühlen?* Fragen Sie sich: *Wo bin ich genau, wenn ich antworte, bei meiner eigenen Schwiegermutter, bei meinen eigenen Gefühlen oder beim Sender, also bei meinem Freund?* Sie müssten ohne jeden Zweifel bei Ihrem Freund sein, also bei seinen Gefühlen und bei seinem Problem: *„Das hat dich sehr gekränkt! Du bist sauer und enttäuscht.“*

Machen Sie dazu eine Übung:
Versuchen Sie, aus den nachfolgenden Antworten jeweils diejenige herauszusuchen, die Ihnen richtig erscheint. Sie können jetzt sehr einfach feststellen, ob Sie wirklich zuhören würden. Was sagt der Sender (derjenige, der spricht) über sich? Sind Sie bei ihm oder sind Sie bei Ihren eigenen Gedanken? Sind Sie bei sich oder auf der „Insel“ des anderen?

1. *Mama, Du arbeitest zu viel. Wir haben überhaupt kein Vergnügen mehr.*
   - Was soll das heißen: Wir haben kein Vergnügen? Wir waren gestern Abend im Kino und gehen morgen Eis laufen.
   - Warum lädst Du nicht Deine Freundin zum Spielen ein? Das würde Dir bestimmt Spaß machen.
   - Du bist enttäuscht über unser Leben in letzter Zeit.

2. *Herr Müller aus der Werbeabteilung ist schon wieder befördert worden. obwohl der erst ein Jahr dort gearbeitet hat.*
   - Ja, ja, Beziehungen müsste man haben!
   - Du bist ja nur neidisch!
   - Du findest es ungerecht, dass der so schnell befördert wird.
   - Reg dich nicht darüber auf!

3. *Ich habe dem Chef einige gute Ratschläge gegeben, aber er ist nicht darauf eingegangen.*
   - Das scheint dich zu kränken.
   - Ich weiß genau, wie Du Dich fühlst. Männer ignorieren alle Vorschläge, die von Frauen kommen.
   - Warum hast Du ihm nicht gesagt, dass Du Dich darüber ärgerst?

4. *Viel mehr Leute sollten Organisationen wie Amnestie international unterstützen.*
   - Was erwartest Du? Die meisten Menschen sind völlig unpolitisch.

- Du hältst diese Arbeit für sehr wichtig.
- Du hast sicher recht. Warum trittst du nicht selbst ein?

5. *Ich hätte nicht gedacht. dass die Prüfung so einfach sein würde.*
- Du freust dich über Deinen Erfolg.
- Sei nicht übermütig! Die nächste wird schwieriger!
- Komm, so einfach war sie nun wirklich nicht!

6. *Ich möchte heute Abend nicht mitgehen. Ich brauche Erholung und will früh ins Bett.*
- Du bist ganz schön überarbeitet in letzter Zeit.
- Sei doch ehrlich, Du hast keine Lust mit uns mitzugehen.
- Wenn Du nicht ständig in Kneipen rumhängen würdest, wärest du auch heute Abend nicht zu müde.

7. *Ich muss noch so viele Arbeiten für die Schule machen, dass ich nicht weiß, wie ich die nächste Woche überstehen soll.*
- Ich verstehe Dich. Ich habe drei Prüfungen vor mir und muss diese Woche noch 20 Stunden jobben.
- Du stehst unter Druck.
- Mach Dir nichts draus. Das schaffst Du spielend.

8. *Du hast in diesem Brief einen ganzen Absatz vergessen!*
- Rege Dich nicht auf! Das kann jedem passieren!
- Oh, das tut mir leid. Ich werde es sofort korrigieren.
- Wo, bitte?
- Dieser Fehler hat Dich geärgert. [110]

Sie sehen, so schwer ist es nicht. Die Haltung ist es, die den Unterschied und die Schwierigkeiten macht. Absolut notwendig ist das dafür erforderliche Motiv: *„Ich will verstehen (und nicht über mich sprechen oder Vorschläge machen)!"* Ob Sie es richtig machen, können Sie leicht erkennen. Ihr Gesprächspartner, also der Sender, kann nach Ihrem verbesserten Beitrag signalisieren: *„Ja – genau"* oder: *„So habe ich es nicht gemeint."* Dann ist auf jeden Fall klar, dass Sie richtig zugehört und nur das gesagt haben, was Sie verstanden haben. Zuhörfehler werden sofort korrigiert.

Verdeutlichen Sie sich deshalb bitte zusätzlich: Wenn Sie Vorschläge machen wollen, wollen Sie nicht helfen. Sie wollen gut sein, Ihrem Selbstkonzept entsprechen, möglicherweise dafür geachtet und geliebt werden. Hilfeleistung ist nur ein Etikett. Von dem tatsächlichen Inhalt wird dem ande-

---

[110] Lösung: 1=3., 2=3., 3=1., 4=2., 5=1., 6=1., 7=2., 8=4.

ren vermutlich schlecht. Genießen kann er ihn auf keinen Fall. Zusätzlich fühlt er sich nicht ernst genommen, klein und weggestoßen.

Eine andere Haltung lässt sich einüben. Dazu ist es wichtig, sich <u>immer wieder</u> klar und präsent zu vergegenwärtigen: *„Ich will verstehen, alles andere kann warten."* Das muss doch für einige Minuten gehen oder nicht?[111].

 **Zuhören bedeutet Achtung, Wertschätzung und Liebe. Zuhören hält narzisstische und egozentrische Motive in gesunden Grenzen.**

Nach diesen ersten Schritten können Sie an einer geeigneten Stelle des Gespräches das Gehörte zusammenfassen und sagen, was Sie bisher verstanden haben. Das fällt den meisten Übenden leichter. Es erfordert aber die gleiche Grundhaltung. Wenn Ihr Gesprächspartner - in unserem Beispiel der Problembesitzer – nickt, bejaht oder zustimmend bestätigt, dann haben Sie es geschafft. Verständigung ist hergestellt, die Beziehung ist vertieft und gewachsen. Jetzt erst können Sie überprüfen, ob der Sender auch über Lösungen sprechen will. Erfahrungsgemäß will er das nicht. Sie werden erstaunt sein, wie selten es gewünscht wird.

Das Tolle ist: Das alles macht Spaß und Freude. Wenn Sie das Gesicht des anderen beobachten und seine Zufriedenheit und Freude sehen, wird es eine schöne Belohnung für das Weitermachen sein. Danach werden Sie sich, diesmal berechtigt, gut fühlen. Der Besitzer des Problems wird merken, dass Sie gerade damit beschäftigt sind, Verständnispunkte zu sammeln, um wirklich ganz zu verstehen. Er wird fühlen, dass Sie sich nicht damit beschäftigen, welche Ansichten Sie zu seinem Problem haben oder welche Vorschläge Sie einbringen könnten, um sich als guter Helfer zu fühlen. Es entsteht eine neue Beziehungsqualität, eine Verbesserung der Interaktion und ein fehlerloser Datenaustausch. Darüber hinaus tritt eine Wirkung von Wachstum, Entwicklung und echter Nähe ein.

Senden Sie Klartext

Ähnlich verhält es sich mit der Sendequalität. Bei der Verbesserung des Zuhörens sagen nahezu alle ernsthaft Bemühten: *Warum um alles in der Welt sendet der denn nicht Klartext? Warum muss alles so verdeckt und kompliziert sein?* Also senden (sprechen) Sie selbst besser und unmissverständlich, was in Ihnen vorgeht und was Sie wollen!

---

[111] Am besten kann man es in einem spezifischen Seminar erlernen.

Jetzt ist der Ausgangspunkt aber: *Ich* habe ein Problem. Was ist jetzt zu tun? Fast jeder Befragte sagt: *„Du musst über dich und dein Problem reden."* Psychologen würden hier ergänzen: *Rede ausschließlich über dich, über deine Gefühle und Gedanken.* Und was tun wir tatsächlich? Wir reden über <u>andere</u>, bewerten alles, erzählen Geschichten - und das zu deutlich mehr als 90 Prozent[112]: *»Stell dir vor, was Peter gestern gemacht hat, der spinnt doch wohl!«* Oder, wir beschuldigen den Zuhörer für jene Gefühle, die wir nicht benennen, mitverantwortlich zu sein. Richtig wäre, Sie sagen ausschließlich, wie Sie sich fühlen, was in Ihnen vorgeht und welche Gedanken Sie haben.

Dazu ein Beispiel: Ein Vater sitzt nach getaner Arbeit im Sessel und möchte sich entspannen. Der Sohn kommt und klettert auf ihm herum. Die Zeitung zerknittert. Nach einigen vergeblichen Abwehrversuchen sagt er: *„Du bist wie eine Klette!"* Gemeint hatte er: *„Ich bin im Moment müde und muss mich einige Minuten ausruhen. In zehn Minuten können wir spielen."* Im ersten Fall fühlt sich der Sohn weggestoßen, wertlos und beschuldigt, im zweiten hat er eine Chance zu verstehen.

In diesen Fällen ist es angeraten, zunächst den Satz mit „Ich" zu beginnen, auf keinen Fall mit „Du." Mit den sogenannten Ich-Botschaften schildert man zunächst nur die eigenen aktuellen Gefühle und liefert einen *kleinen* Hinweis, was das ausgelöst haben könnte. Blättern Sie noch einmal zurück zu unserer kleinen Zuhörerübung und formulieren Sie das Anliegen aus der Sicht des Problembesitzers. Welche Gefühle und Bedürfnisse hatte der Sohn, der zu seiner Mutter sagte: *„Mama, Du arbeitest zu viel. Wir haben überhaupt kein Vergnügen mehr."* War es Einsamkeit, Langeweile, zu wenig Nähe oder Kontakt, fehlende Liebe und Aufmerksamkeit? Was es auch sein mag – genau das muss gesagt werden: *„Ich fühle mich häufig so allein, mir fehlt Nähe zu dir. Können wir nicht mehr zusammen machen?"*

Machen Sie dazu eine Übung:
Wenn Sie mögen, nehmen Sie auch die anderen Beispiele zur Hand und formulieren Sie Ich-Botschaften. Sie werden merken, danach kann kein Streit entstehen, weil in der Ich-Botschaft keine Vorwürfe enthalten sind. Im Gegenteil: Beziehungen werden tiefer und intensiver. Haben Sie ein Problem, hat das den großen Vorteil, alles zuvor planen, überlegen und ausarbeiten zu können. Sie haben im Alltag alle Zeit der Welt, solche Gespräche vernünftig vorzubereiten. Setzen Sie sich hin und nehmen Sie ein Problem, das bearbeitet werden müsste. Suchen Sie alle Gefühle, die

---

[112] 1993-96, Test zum Aktiven Zuhören, FHöV, Stichproben 500

Sie haben und schreiben Sie sie auf. Wenn Sie alles gut durchdacht haben, sagen Sie es dem Betroffenen direkt mit nur einem kleinen Hinweis aus dem Sachverhalt, beispielsweise: *„Ich fühle mich klein und unbedeutend und weiß nicht mehr, was ich machen soll, wenn du meine Ansichten nicht aufnimmst und sofort von dir erzählst."* Oder Sie sagen z.B.: *„Ich hatte bis eben Angst, dass was passiert war und freue mich jetzt, dass du jetzt hier bist"*

Versuchen Sie, folgende Beispiele schriftlich zu bearbeiten, nehmen Sie dazu ein Blatt Papier:

1. Sie hatten Ihr Auto verliehen und es mit halb leerem Tank und schmutzig zurückbekommen. Sie sagen:
Kurzer <u>sachlicher</u> Hinweis auf das Geschehene:
Gefühl1:
Gefühl2:
Gefühl3:
Warum ist das für Sie wichtig?

2. Ihr Partner, Ihre Partnerin hat, ohne etwas zu sagen, Ihr Handy mitgenommen. Sie hatten deswegen sehr große Probleme. Sie sagen:
Kurzer sachlicher Hinweis auf das Geschehene:
Gefühl1:
Gefühl2:
Gefühl3:
Warum ist das für Sie wichtig?

3. Ihr Partner, Ihre Partnerin hat versprochen, einen wichtigen Brief in den Kasten zu werfen. Nach einigen Tagen finden Sie ihn im Auto, offensichtlich vergessen. Sie sagen:
Kurzer sachlicher Hinweis auf das Geschehene:
Gefühl1:
Gefühl2:
Gefühl3:
Warum ist das für Sie wichtig?

4. Ihre Tochter hatte versprochen, ihr Zimmer aufzuräumen. Sie sehen, dass nichts gemacht wurde. Alles ist noch schlimmer als sonst. Sie sagen (nur Ihre Gefühle, keine Vorwürfe usw.):
Kurzer sachlicher Hinweis auf das Geschehene:
Gefühl1:
Gefühl2:
Gefühl3:
Warum ist das für Sie wichtig?

Gewaltfreie Kommunikation erlernen

Ähnlich ist auch der Ansatz von M. Rosenberg, der „Gewaltfreie Kommunikation" (GFK) vorschlägt. Weitgehende Gewaltfreiheit ist für die Idee einer besseren Gesellschaft unverzichtbar und sehr wichtig. Dieses Modell ist einfach zu erlernen, ohne weniger anspruchsvoll zu sein. Es hat, neben einer leicht nachvollziehbaren Begrifflichkeit, auch den Vorteil, dass man relativ einfach und schnell anfangen kann, die ersten Schritte »gewaltfreier Kommunikation«[113] auszuprobieren. Mit solidem Selbstverständnis tragen Sie Ihr Problem vor und sorgen für eine streitarme Konfliktbearbeitung. Die Qualität stellt sich im Laufe der praktischen Übungszeit von allein bei Ihnen ein.

Zunächst sollten Sie jedoch typische Fehler - die sogenannten apokalyptischen Reiter - vermeiden, die die Schlacht und den Streit beginnen wollen[114] und sich <u>stattdessen</u> bewusstmachen:

1. Keine **Kritik** üben, sondern nur Beobachtung und aufgetretene Gefühle schildern.
2. Nicht ver- oder **beurteilen,** sondern erklären, welche Hoffnungen enttäuscht worden sind.
3. Keine **Eigenschaften** zuschreiben, auch kein Verhalten interpretieren.
4. Keinen **Gegenangriff** starten oder mit totalem Rückzug reagieren, nur Empfindungen einbringen.

Gewaltfreie Kommunikation sähe dann folgendermaßen aus. Entscheidend ist dabei zunächst die genaue Einhaltung dieser Reihenfolge.

1. Was habe ich beobachtet und wahrgenommen? Was könnte ein Außenstehender beobachten? (Das auch nur genau so sagen!)
2. Welche Gefühle stellen sich bei mir bei dieser Wahrnehmung und bei diesem Geschehen ein?
3. Was und warum ist das wichtig für mich und mein Leben?
4. Welche Hoffnungen und Bedürfnisse sind damit verbunden?

Es sind *vier* Schritte, die geübt werden müssen, um gewaltfrei und einfühlsam kommunizieren zu können und die dafür erforderliche innere Haltung zu erlangen.[115]

---

[113]Marshall B. Rosenberg: *Gewaltfreie Kommunikation*: aufrichtig und einfühlsam miteinander sprechen. Neue Wege in der Mediation und im Umgang mit Konflikten, Paderborn 2001

[114]David Servan-Schreiber: Die Neue Medizin der Emotion, München 2006, S. 222

[115]Auszug aus: Wenn die Giraffe mit dem Wolf tanzt von Serena Rust, S.18f

85

1. Schritt: Beobachten – ohne zu bewerten

Im ersten Schritt sage ich, was genau der Anlass ist, weshalb ich dieses Gespräch beginne, was geschehen ist. Wichtig ist, dass ich keine Bewertung in meine Aussage hineinmische. Was genau war der Auslöser, auf den ich reagiert habe? Was habe ich gesehen oder gehört? Wenn ich sage: *»Du kommst 20 Minuten nach dem Filmanfang! «* drücke ich aus, was ich beobachte. Sage ich: *»Du kommst schon wieder zu spät! «* mische ich hinein, was ich davon halte.

2. Schritt: Fühlen – ohne zu interpretieren

Im zweiten Schritt spreche ich mein Gefühl an. Ich kann zum Beispiel ängstlich, froh, betroffen, frustriert, berührt oder traurig sein. Sage ich hingegen: *»Ich fühle mich von meinem Chef übergangen! «,* drücke ich aus, wie ich ein bestimmtes Verhalten meines Chefs interpretiere. Sie sollten nur eigene Gefühle nennen.

3. Schritt: Bedürfnisse – statt Strategien

Im dritten Schritt sage ich, welches Bedürfnis hinter meinem Gefühl liegt, warum das für mich wichtig ist, was mich bewegt, zum Beispiel das Bedürfnis nach Zugehörigkeit, Freiheit, Sicherheit, Autonomie oder Sinnhaftigkeit. Mit dem Satz: *»Ich brauche Erholung«,* drücke ich ein Bedürfnis aus. Sage ich hingegen: *»Ich möchte morgen einen Ausflug machen,«* spreche ich von einer Strategie, einem konkreten Weg, wie ich mein Bedürfnis nach Erholung befriedigen will.

4. Schritt: Bitten – statt fordern[116]

Und im vierten Schritt schließlich äußere ich eine Bitte, in der ich sehr konkret sage, was ich jetzt gerne möchte. *»Bitte, kannst du die Spülmaschine gleich ausräumen?«* Ob das eine Bitte oder eine Forderung ist, entscheidet sich daran, ob der andere »nein« sagen kann, ohne dass unsere Verbindung leidet oder er mit Sanktionen rechnen muss. Diese Bitte sollte sich möglichst nur auf Verhalten beziehen, nicht auf Eigenschaften. Also sagen Sie nicht: *»Ich bitte dich, ordentlicher zu werden«,* sondern: *»Bitte räume den Tisch ab. «*

Mit dieser Art des Vorgehens kann nicht nur tatsächlich die meiste kommunikative Gewalt vermieden werden, sondern auch sehr Unangenehmes angesprochen werden. Mit anderen Worten: Ich kann alles sagen, wenn ich dabei Regeln einhalte. Es ist hilfreich, die möglichen Bitten in zwei Gruppen zu teilen. Die eine besteht aus Beispielen, bei

---

[116] Das ist für die meisten Menschen sehr schwierig. Sie fallen in die alten Gewohnheiten zurück. Deshalb ist es vermutlich einfacher, das ganz wegzulassen oder nur zu benutzen, wenn es wirklich konstruktiv ist.

86

denen Sie persönlich Hilfe benötigen. Die zweite besteht aus denen, die vom anderen eine zukünftige Verhaltensänderung erbitten. Diese sind mit Vorsicht zu verwenden. Weil wir nicht völlig neu anfangen und viele alte Erfahrungen noch nachwirken, kann es besser sein, es vorübergehend zu unterlassen und nach Punkt drei aufzuhören, um erst die Reaktion des anderen abzuwarten oder sie als persönlichen Hilferuf neu zu formulieren. Der andere sollte mit den neuen Informationen in völliger Freiheit neu entscheiden können.

Blicken wir dazu noch einmal auf eines der genannten Beispiele:
Ihre Tochter hatte versprochen, ihr Zimmer aufzuräumen. Sie sehen, es wurde nichts gemacht. Im Gegenteil: alles ist noch schlimmer als sonst.
Sie sagen beispielsweise zu Ihrer Tochter:

1. Beobachtung ohne Bewertung: *Ich bin eben von der Arbeit gekommen und habe dein Zimmer unaufgeräumt vorgefunden.*

2. Gefühl: *„Ich bin sehr enttäuscht und traurig, weil wir eine andere Vereinbarung hatten."*
Gefühl: *„Das macht mich hilflos, weil ich nicht weiß, was ich noch machen soll."*
Gefühl: *„So fühle ich mich in meiner eigenen Wohnung unwohl und kann meinen Feierabend nicht genießen, meine Lebensfreude ist getrübt."*

3. Wichtigkeit für Sie: *„Das lässt mich verzweifeln, so möchte ich nicht leben. Es ist für mich und meine Gesundheit sehr wichtig, dass ich mich auf unser Zuhause freuen und es genießen kann, sonst halte ich den Alltagsstress nicht aus."*

4. Wunsch: *„Ich habe immer noch die Hoffnung, dass du verstehst, wie wichtig das für mich ist."*

Als Zuhörer stehen Sie in Gesprächen vor der Herausforderung, zeitnah richtig reagieren zu müssen. Deshalb ist es hilfreich, viele der vorgestellten Zuhör-Übungen zu machen[117]. Beim Senden ist es günstiger. Sie können sich in Ruhe vorbereiten, überlegen und sich Notizen machen. Das wird später dazu führen, dass sich Ihre allgemeine Grundhaltung ändert und Sie auch viel leichter zuhören können. Alles wird viel gewaltfreier und friedfertiger. Sie werden weniger bewerten und verurteilen, das Streitpotential wird merklich abnehmen.

---

[117] Sieh dazu auch. Thomas Gordon, *Familienkonferenz*

Zusätzliche Hilfe nutzen

Das alles ist natürlich leicht geschrieben. Zweifelsohne bringt die Anwendung zum Teil erhebliche Schwierigkeiten mit sich[118]. Am besten ist es, wenn Ihr Lernpartner motiviert ist, ein verändertes Kommunikationsverhalten einzuüben und häufigen Kontakt mit Ihnen hat. Sie können sich dann gegenseitig Rückmeldungen geben und »heimliche« Zeichen vereinbaren, um in einer Situation dem anderen den falschen Weg zu signalisieren.

Das kann zum Beispiel bei einer gemeinsamen Besprechung ein Kollege sein, der mit einem abgesprochenen Fingerzeichen seinem Lernpartner signalisiert: *»Du bist auf dem richtigen Weg. «* Oder: *»Du bewertest!«* Außenstehende können diese Zeichen nicht deuten. Diese Vorgehensweise macht Spaß und entzieht der Situation weitgehend die ihr innewohnende Anstrengung und Peinlichkeit. Bei einer konkurrenzfreien Beziehung ist natürlich auch Ihr Ehepartner dafür gut geeignet. Nach den ersten Erfolgen können Einhalteverträge mit kleinen »Strafen« oder besser noch »Belohnungen« mit dem Lernpartner ergänzend abgeschlossen werden. Die nächsten Schritte könnten darin bestehen, folgende Dinge zusätzlich und/oder noch sorgfältiger einzuhalten:

Quelle beachten

Es muss sichergestellt sein, dass wirklich die Person der Auslöser ist und nicht die Situation, auf die nur Sie selbst reagieren.

Geeigneten Ort und mögliche Gelegenheit aussuchen

Nicht jede Situation ist geeignet. Häufig ist es günstiger, den aktuell brennenden Vorfall laufen zu lassen, um *nach* einer Zeit erneut darüber zu sprechen. Beide Parteien sind dann abgeregter und schneller bereit, sachlicher miteinander zu sprechen. Hinzu kommt die Möglichkeit, alles zu überdenken und vorzubereiten (oder auch zu üben, eventuell mit dem Lernpartner).

Begegnung freundlich gestalten

Es ist wichtig, so zu interagieren, wie man sich fühlt, statt unecht zu sein. Allerdings sollte der Gesprächseinstieg freundlich, aufmerksam und frei von Angriffen und Vorwürfen sein.

---

[118] Aus jahrzehntelanger Erfahrung mit solchen »Vorhaben« rate ich Ihnen dringend, sich einen Lernpartner oder einen Alltags-Coach zu suchen.

Objektivität einhalten

Objektivität ist sehr schwer einhaltbar. Deshalb sollten Sie lieber die genauso taugliche, aber sehr viel einfachere Lösung nehmen und nur Beobachtungen und Wahrnehmungen ohne jede Bewertung mitteilen. Sagen Sie z.B. nicht: *»Da warst du aggressiv«*, sondern sagen Sie nur: *»Da hast du mit sehr lauter Stimme auf mich eingeredet«*.

Gefühle schildern

An dieser Stelle sollten Sie alle Energie und Intensität nutzen, ohne zu übertreiben. Solange Sie bei sich bleiben und Dinge sagen, die nur mit Ihnen zu tun haben, bleibt alles wirksam und ungefährlich. Wenn Sie über den „Verursacher" sprechen, wird es sofort schiefgehen.

Enttäuschung skizzieren

Die bisher aufgeführten Punkte reichen erfahrungsgemäß aus, um ein gewaltfreies Gespräch einzuhalten. Viele Lehrbücher schlagen zusätzlich vor, Bitten, Vorschläge und/oder Forderungen anzuhängen. Davor möchte ich ausdrücklich warnen. Ich weiß sehr wohl, dass es in einigen Therapien erforderlich ist, so etwas mit den Klienten, weil verkümmert, zu üben. In unserem Diskussionszusammenhang sollten Sie es nicht nur deshalb lassen, weil Sie es sowieso gut können und nicht mehr üben müssen, sondern auch deshalb, weil alle uneingestandenen Reste, alte Wunden, vergangene Schmerzen, Rachegedanken und so weiter sich da hineinschleichen werden, ohne dass Sie es verhindern können. Diese Sätze kennt der andere. Das ist nämlich genau die Gesprächsstelle, an der das Kampfverhalten auf beiden Seiten wieder durchschimmert und in der Regel schnell die Oberhand gewinnt. Dann war alles Bemühen vergebens, das alte Streitverhalten taucht wieder auf und wurde unnötig verstärkt.

Lassen Sie dem anderen seine Freiheit

Es gibt noch einen weiteren Punkt, der mir sehr am Herzen liegt und mit dem ich die allerbesten Erfahrungen gemacht habe. Lassen Sie dem anderen die Freiheit, über alles in der erforderlichen Zeit nachzudenken, Lösungsvorschläge zu finden, abzuwägen und bei weiteren Gesprächen selbst einzubringen. Sie werden dann um ein Vielfaches genauer eingehalten. Die damit verbundenen Gefühle sind erheblich positiver und langfristig tragfähiger, als wenn Sie alles selbst mit eigenen Vorschlägen verkleben. Das funktioniert auch bei vermuteter »Unmündigkeit«, wie zum Beispiel bei kleinen Kindern. Sie werden überrascht sein, wie kompetent sie sein können. Abgesehen davon fördern Sie so das Wachstum und das Selbstwertgefühl Ihres Gesprächspartners. Denken Sie daran:

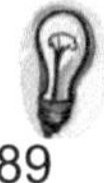 *Vorschläge sind Schläge!*

Einen Aggressionsstaubsauger nutzen

Was brauchen wir eigentlich? Um den Antworten auf diese wichtige Frage auf die Spur zu kommen, lade ich Sie ein, ein weiteres, sehr wirksames Tool kennenzulernen, das außergewöhnliche Auswirkungen auf Sie, Ihren Gesprächspartner, auf Gruppenmitglieder und auf das Selbstwertgefühl (Ich-Stärke) aller Beteiligten haben kann: Den Aggressionsstaubsauger.

Letztlich ist es egal, mit welchem der vorgestellten Modelle Sie beginnen. Alle hier vorgestellten Strategien sind Einladungen, sich mögliche Quellen für eigene Motive und Veränderungswünsche zu erschließen. Nehmen Sie sich bitte auf keinen Fall alles gleichzeitig vor. Vertrauen Sie auf Ihr Gespür und wählen Sie das, was Ihnen gerade am angenehmsten und überzeugendsten erscheint.

1. Was braucht mein Gesprächspartner im Moment?

Das ist die erste Frage, die Sie sich möglichst oft stellen sollten. Das ist wichtig in jeder Alltagssituation, natürlich besonders in einem Gespräch. Es ist egal, wer das Gespräch beginnt oder an welcher Stelle es sich befindet. Sobald Ihr Gesprächspartner etwas sagt, fragen Sie sich selbst bitte zunächst einmal:

 **Was braucht er oder sie? Was fehlt ihm oder ihr?**

Teilen Sie Ihrem Gesprächspartner Ihr Ergebnis mit und warten Sie auf seine Einlassung und Erwiderung. Sie werden überrascht sein, wie gut das funktioniert. Je häufiger es Ihnen gelingt, desto mehr spüren Ihre Gesprächspartner, dass sie gesehen und ernst genommen werden. Beispiele:

Du benötigst mehr Sicherheit …
Du möchtest, dass ich dich unterstütze…
Du ärgerst dich und suchst einen Ausweg….
Du weißt nicht, wie es weitergehen soll….

Wahrscheinlich werden Sie bei sich selbst mit der Zeit feststellen, dass Sie andere Menschen wirklich genauer sehen und ernster nehmen. Dieser Effekt tritt langfristig gesehen meist von allein ein – gewissermaßen als angenehme Nebenwirkung Ihrer veränderten Haltung. Ziemlich sicher wird es Ihnen selbst eine tiefe Befriedigung verschaffen, weil Sie es schaffen, jemandem nahe zu sein, ohne dabei unechte Tricks anzuwenden. Haben Sie damit ausreichende Erfahrungen gemacht und eine gewisse Routine entwickelt, so können Sie den nächsten Schritt ausprobieren.

2. Was fehlt mir selbst?

Mit der zuvor eingeübten Fähigkeit, die Bedürfnisse des anderen im Gespräch zu erkennen, ist die Fähigkeit verwandt, auch die eigenen Bedürfnisse besser wahrzunehmen. Ihr Unbewusstes wird diese Möglichkeit nicht verstreichen lassen, sich immer schneller und deutlicher zu melden. An geeigneter Stelle sollten Sie das dann dem anderen im Gespräch angemessen mitteilen.

TIPP
Wie Sie Ihre Bedürfnisse angemessen äußern können:
»Ich fühle mich nicht richtig verstanden und spüre, wie ich anfange, mich zu ärgern.«
»Im Moment spüre ich das Bedürfnis, irgendetwas zu tun, was alles wieder einrenkt.«
»Ich merke, dass ich immer trauriger und hilfloser werde.«

Aber: Vorsicht! Wenn Sie in Ihrem Leben bislang eher zu kurz gekommen sind, besteht die sehr große Gefahr, dass sie über das Ziel hinausschießen werden, ohne es zu merken[119]. Deshalb sollten Sie, sobald es gut funktioniert, einen Ihnen nahestehenden und eingeweihten Lernpartner regelmäßig interviewen, ob Sie nicht zu egozentrisch reagieren. Das passiert leider sehr häufig und unbemerkt. Es scheint manchmal so, als gäbe es da Unendliches nachzuholen. Unsere Mitmenschen können mit dem durchaus verständlichen Vorgang des Nachholens nicht gut umgehen, weil es ihnen erhebliche Angst macht und sie werden sich deshalb womöglich abwenden. Deshalb sollten Sie diszipliniert an sich selbst arbeiten und das Feedback Ihres Lernpartners als wichtigen Zwischenschritt begreifen und nicht als unnötige und ärgerliche Zusatzarbeit.

3. Fragen nach den dahinterliegenden Bedürfnissen

Die dritte Stufe, die allerdings erst nach Einübung der ersten beiden Schritte einbezogen werden sollte, besteht darin, auch danach zu fragen, was der andere möchte, welche aktuellen Bedürfnisse er hat und/oder was für ihn notwendig ist, um die Situation besser zu bewältigen. Dieser Schritt steht deshalb am Schluss, weil er bedingungslos echt und ehrlich sein muss. Er muss getragen sein von dem reinen Wunsch, den anderen wirklich zu verstehen und nicht davon, Munition für einen Streit sammeln zu wollen.

---

[119] Genauer nachlesen 2016, *Anna dreht sich nicht um*, BoD

TIPP
Dieser Schritt löst nur dann fruchtbringende Reaktionen aus, wenn er vorbehaltlos und ohne jede Veränderungsabsicht und/oder missionarischen Eifer geschieht. Wenn dies gelingt, ist eine solche Haltung herzerwärmend und erfolgreich für alle Beteiligten.

Nicht mehr bewerten

Wir wissen nicht, was andere Menschen denken und fühlen. Wir interpretieren ihr Verhalten und sind dann wegen unserer <u>eigenen</u> Gedanken beleidigt. Das ist nicht sehr schlau, aber völlig normal, sehr beliebt und verbreitet. Allerdings nehme ich, indem ich diese Anregung formuliere, paradoxerweise eine Bewertung vor. Ich bewerte das Bewerten. Wichtig erscheint mir dennoch, Ihnen zu verdeutlichen, dass der Bewertungsvorgang als Quelle für Stress, Ärger, Wut und Aggression angesehen werden muss[120]. Wenn Sie damit besser umgehen wollen, ist es hilfreich, sich mit diesem Thema auseinanderzusetzen.

Es gibt ein einfaches, ziemlich geniales System, das sogenannte ABC-Modell aus der Rational Emotiven Therapie (RET). Es ist eine sehr wirksame Methode, Situationen so erheblich zu verbessern, dass Sie glücklicher und zufriedener sein können. Beziehungen werden um viele Stufen harmonischer und erfüllender.

Dazu ein paar Hintergründe: Beinahe alle Menschen bemerken zuerst nur die Konsequenzen, die eine Situation in ihnen auslöst – zum Beispiel eine negative Emotion wie Ärger[121]. Die normale Reaktion ist, sofort nach der Ursache dieser Emotion zu suchen. Oft finden wir diese in unserem Gegenüber. Wir identifizieren es als Auslöser. Damit scheint dann alles klar. Der andere ist Schuld und verursacht meine Emotion. Es erscheint logisch, alle Folgemaßnahmen auf bzw. gegen diese Person zu richten. Das alles ist völlig normal und alltäglich. Unrechtsbewusstsein, schlechtes Gewissen oder rationale Kontrolle werden nicht benutzt. Das heißt: Die Konsequenz (**C**), die Folge oder die Wirkung, die sich aus einer Situation ergeben, werden zunächst 1:1 dem vermeintlichen Auslöser zugeschrieben. Er wird für das Ergebnis, etwa meine negative Emotion, vollständig verantwortlich gemacht.

A (Auslöser) ⇐══ C (Gefühl) => Gefühl **weil A** (A ist schuld!)

---

[120] möglicherweise auch für Kriege

[121] funktioniert auch bei positivem C+ (Freude), dann wird die Person sofort sympathischer

Damit wird gesichert, dass kein Schaden für die eigene Person eintritt und ist insofern ein normales natürliches Verhalten. Es ist leichter, sich mit dem Fehlverhalten eines anderen zu beschäftigen, als die eigenen Reaktionen kritisch zu betrachten. *Die anderen haben Schuld, ich habe damit nichts zu tun.* Diese Strategie ist einfach, psychisch gesunderhaltend und deshalb auch ungemein erfolgreich. Dafür kann man täglich viele Beispiele finden. Es scheint sogar Personen zu geben, die es in diesem Bereich zu unwahrscheinlicher Meisterschaft gebracht haben. Sie selbst haben *nie* mit irgendetwas zu tun. Wenn etwas schiefläuft, waren es *immer* die anderen. Allerdings haben Personen mit einem sehr schwachen Selbstwertsystem häufig keine andere Möglichkeit, als von sich abzulenken und die Schuld bei anderen zu suchen. Ansonsten würden sie es nicht aushalten. Das ist deshalb natürlich, zunächst sehr gesund und normal, bleibt aber ungünstig und falsch.

Langfristig gesehen ist ein solches Verhalten eine Sackgasse. Entwicklungen werden abgebrochen, Beziehungen nachhaltig gestört und die »gesundesten Keimlinge eines neuen Wunschgartens« werden plattgetrampelt[122]. Das erklärt auch, wieso manche Menschen trotz erheblichen Fehlverhaltens kein schlechtes Gewissen haben.

 ***Viele Menschen haben nur deshalb ein gutes Gewissen, weil sie die Fähigkeit entwickelt haben, ihr Gewissen nicht zu benutzen.***

In der Fachliteratur[123] kann man noch genauere Hintergründe finden. Schließt man Versuchspersonen an Messgeräte an, die gute Auskunft[124] über Erregung, Aggression und Ärger geben, so stellt sich etwas Erstaunliches heraus. Das Auge meldet an das Gehirn: »Hier geschieht gerade dieses und jenes.» Das Gehirn sagt zunächst im übertragenen Sinne: »Okay» Und es „schaut" dann nach, ob es so etwas kennt. Bis zu diesem Zeitpunkt ist keine über den Verarbeitungsprozess hinausgehende Erhöhung von Aktivation oder Erregung festzustellen. Ärger oder Aggression sind noch in weiter Ferne. Erst in dem Moment, in dem eine Wiedererkennung stattfindet, zum Beispiel: »Achtung gefährlich! « oder »Nett, kenn' ich«, tritt eine emotionale Einfärbung und Erregung ein oder eine starke Irritation bei Unbekanntem. Die Messinstrumente

---

[122]Erfahrungen aus 40 Jahren Organisations- und Personalentwicklungsberatung

[123] Forschungsergebnisse über Stressabläufe oder Rational Emotive Therapie

[124] Das wird durch viele andere Vorgänge, zum Beispiel der Rationalisierung, Projektion und so weiter noch wesentlich begünstigt und ergänzt.

haben vor diesem Zeitpunkt Mühe, etwas Relevantes festzustellen. Es passiert erst etwas, wenn der Wahrnehmer anfängt zu bewerten: *»Das ist gefährlich! Das ist doch wohl eine Unverschämtheit! Du willst mir was! Du hast es gerade nötig!* « Diese oder ähnliche Sätze kennt jeder. Und danach wird erst so richtig aufgerüstet. Die Blutgefäße verkrampfen, der Blutdruck steigt blitzschnell, Herz- und Atemfrequenz werden erhöht, die Muskeln werden vorgespannt, Blutzucker wird gelöst.

Weshalb geschieht das? Im Sinne der Natur tun wir das, um entweder aus der Situation zu flüchten oder anzugreifen. Können wir nicht aktiv werden – und dahingehend setzt unser modernes Leben uns vielfältigste Schranken - so bewerten wir weiter, verurteilen oder schimpfen innerlich. Das belastet unsere Beziehungen. Die Erregung steigt und bleibt auf hohem Niveau über lange Zeit aufrechterhalten. Alles wird verschlimmert, bis es uns so richtig schlecht geht. Es ist also nicht der Auslöser, der dazu führt, sondern biologisch gesehen unsere *Bewertung* und *Verarbeitung*. Sie führt zu den Tiefen oder Höhen der Wut, der schwer zu kontrollierenden Aggression oder auch zu Angst. Alle stark emotionserhöhenden Dosen schränken leider auch die Fähigkeit des Gehirns ein. Zum Teil ist es sogar so, dass nur die einfachsten Reaktionen wie Flucht oder Angriff übrigbleiben[125]. Alles andere funktioniert nicht mehr.

Dazu ein Beispiel: Sie werden schon früh morgens auf der Treppe von einem Vorgesetzten angegriffen: *»Was ist da wieder passiert?* « Sie sind völlig überrascht und versuchen ziemlich hilflos, etwas zu entgegnen. Nur wenige Minuten später ärgern sie sich über sich selbst und denken: *»Warum hast du das und das nicht gesagt? Warum ist dir das nicht eingefallen? Das wäre doch genau das Richtige gewesen.* « Erregung behindert das Gehirn, teilweise sogar vollständig. Da Sie sich selbst erregen, verursachen Sie auch selbst die Behinderung. Der Volksmund besitzt häufig eine tiefgreifende Weisheit. Wir sagen nämlich durchaus zutreffend:

»Ich rege mich auf. «
»Ich ärgere mich. «
»Ich werde jetzt sauer. «

Das ist genau richtig. Sie ärgern sich und Sie regen sich selbst auf. Das tut nicht der andere. Sie werden auch tatsächlich »sauer« (das kann man sogar messen). Und viele erstaunliche andere Dinge passieren,

---

[125] 2006, David Servan-Schreiber: Die Neue Medizin der Emotionen, München

die man erst bei intensivem Nachdenken glauben kann[126]. Erst wenn Sie sich klar machen, dass es die Bewertung ist, die alles auslöst, kann wirklich etwas Neues wachsen.

A = Auslöser ⟹ = **B**ewertung ⟹ (Gefühl) **=> weil B!!**

Die meiste Energie für Ärger, Wut und Hass wird in uns und durch uns selbst hergestellt. Evolutionspsychologisch betrachtet hatte das einen Überlebensvorteil. Doch das Gute ist: Wir können diese schädlichen Emotionen selbst beeinflussen und verhindern[127].

Erfahrungsgemäß gibt es verschiedene Wege, sich dem Ziel, erheblich weniger Ärger oder Wut zu empfinden, zu nähern. Sich die Abläufe nur klar zu machen, bringt sehr wenig. Außer einer gewissen Freude an der jungfräulichen Erkenntnis tritt kein wirkliches Wachstum ein. Erst wenn man sich selbst reflektiert und damit positive Erfahrungen erlebt, können ein Lernen oder nachhaltigere Veränderung einsetzen. Das passiert dann auch unabhängig vom Alter.

TIPP
Jedes Mal, wenn Sie sich bei einer »Bewertung« ertappen, beenden Sie den inneren Vorgang mit dem Satz:

»Stopp, du bewertest!«

Das reicht erstaunlicherweise völlig aus, um die aufkommenden negativen Gefühle zu stoppen und einer relativierenden und der Sache angepassten Verarbeitung Platz zu machen. Sie werden ganz nebenbei auch Ihre Haltung zu anderen Menschen positiv verändern.

Abschied von unnötiger Gewalt nehmen
Direkt nach dem 2. Weltkrieg haben sich beinahe alle Staaten dieser Welt mit einem UNO–Vertrag zum generellen Gewaltverzicht verpflichtet. Es besteht ein absolutes Verbot, Gewalt anzuwenden. Kriege dürften demzufolge der Vergangenheit angehören. Wir wissen, dass das nicht so

---

[126] Fruchtbarkeit, Körperabwehr, Verdauung, Leistung des Gehirns nehmen ab usw. Quellen über Stressbewältigung (Vester, Grewe, Brengelmann u. a.)
[127] Grundstrukturen aus Albert Ellis: Die rational-emotive Therapie, 1982, Grundgedanken werden auch in GFK, der Gewaltfreien Kommunikation (Marshall Rosenberg) und im Buddhismus genutzt.

ist. Leider halten nicht alle ihre Verpflichtungen ein[128]. Sonst wäre ja alles gut. Es ist aber nach wie vor so, dass mit Krieg, Tod, Bomben und Gewalt Machtinteressen und wirtschaftliche Vorteile durchgesetzt werden. Die notwendige Haltung, dass wir alle *zu einer Menschheitsfamilie"* gehören, ist noch nicht so verbreitet, wie es nötig wäre.

Im Gegenteil: Durch geschickte Beeinflussung der Medien wird nahezu täglich suggeriert, dass zur Abwehr von Terrorismus Bomben fallen müssen, dass man Feinde mit Gewalt bekämpfen muss. Bei genauem Hinsehen halte ich dies für eine psychologische Masche. In Wahrheit geht es um Macht, Öl und Gas und vermutlich bald um Wasser. Es wird offensichtlich in Kauf genommen, dass dabei Hunderttausende sterben.[129] Als unterstützungswürdige Ausnahme können meines Erachtens die weltweite Menschenrechts- und Friedensbewegung gelten. Sie mahnen die erforderliche Grundhaltung und den Verzicht von Gewalt immer wieder an. Sie tun das auch in den Ländern, in denen ihre Anhänger mit persönlichen Sanktionen zu rechnen haben. Es wäre schön, wenn sie mehr Achtung und aktive Unterstützung bekommen würden.

Andere unter Druck zu setzen, Macht auszuüben und notfalls aggressiv zu werden, ist leider nach wie vor sehr beliebt und oft erfolgreich. Doch es schädigt oder zerstört Beziehungen und kann nicht heilende Wunden über Jahrzehnte verursachen. Leider machen wir auch als Einzelpersonen vor Gewaltanwendung nicht halt. Wir versuchen extrem häufig, andere zu beschuldigen, anzugreifen, zu besiegen und zu einem veränderten Verhalten zu zwingen. Dabei beziehen wir uns auf die Vorstellung, das Recht und die erforderliche Macht über den anderen zu haben. Ob das tatsächlich stimmt, ist nicht von Bedeutung.

Leider geschieht das auch in guten Beziehungen. Obwohl längst klar ist, dass man andere nicht einfach verändern kann, versuchen wir es beispielsweise in der Erziehung unserer Kinder und in unseren Beziehungen und wundern uns dann, dass die Betroffenen sich wehren, denn sie wollen nicht zum Objekt gemacht werden. Und je *gesünder sie sind, desto mehr wehren sie sich.* Das ist sogar ein gutes Zeichen. Trösten kann auch, wenn wir uns klarmachen, dass der größte Teil dieser Verhaltensweisen angeboren ist. Es ist die animalische Natur und nicht

---

[128] Besonders die fünf Vetomächte wenden immer noch Gewalt an, obwohl es verboten ist, weil es keine Sanktionen für sie gibt. Siehe hierzu auch Vorträge von Daniele Ganser bei You Tube. Seien Sie misstrauisch gegenüber politischen Nachrichten, die meisten sind tendenziell verfälscht.

[129] Die bisherigen Auseinandersetzungen haben schon mehr als eine Millionen Menschenleben gefordert, siehe hierzu Vorträge z.B. von Daniele Ganser et al (Youtube)

Kultur. Wir sind in diesem Bereich eher auf dem Level von Primaten und nicht erfolgreiche Kulturträger. Daher erscheint es mir notwendig, auf den Begriff der Gewalt näher einzugehen.

Gewalt und Aggression – was ist damit gemeint?
Die Schwierigkeit beginnt damit, dass unsere Alltagssprache mehrdeutig ist. Macht bezeichnet zunächst nur ein Potential, eine Möglichkeit, Einfluss auszuüben. Das kann mit Geld zu tun haben, mit Größe oder körperlicher Stärke. Auch gute Beziehungen bieten Machtmöglichkeiten. So können einzelne Menschen Macht haben, aber auch Organisationen wie die Polizei, das Finanzamt, Konzerne und Staaten. Sie muss nicht tatsächlich vorhanden sein. Es genügt, wenn andere daran glauben.

 *Macht macht nichts, wenn sie nicht genutzt wird.*

Macht hält andere Menschen in einem gewissen Umfang von Provokation und Angriff ab. Einen mächtigen Gegner attackiert man so schnell nicht. Gewalt und Aggression dagegen bedeuten *zusätzlich aktives Verhalten*. Sie werden benutzt, um zu beeinflussen und Wirkung auszulösen. Ziel der Gewalt ist, andere zum Unterlassen oder zu einem bestimmten Verhalten zu zwingen. Sie kommt extrem häufig vor, stellt aber nur eine kleinere Teilmenge der Macht dar.

Wiederum ein kleinerer Teil dieser Gewalt tritt leider in Form der Aggression auf. Sie hat ähnlichen Inhalt. Ihr Ziel ist es - neben Verhaltensbeeinflussung - einen Kampf zu gewinnen, zu dominieren, den anderen zu unterwerfen, zu verletzen oder zu schädigen. Aggression ist meistens gemeint, wenn allgemein von zu viel „Gewalt" geredet wird. Der unsaubere Gebrauch verschleiert die Ziele und verharmlost die Motive. Wir sollten dann auch Aggression sagen, wenn wir es meinen.

Die sehr große Menge der Gewalt und Aggressionen in der heutigen Zeit wird leider gefährlich unterschätzt. Mittlerweile ist der größte Teil unserer Sprache gewaltorientiert oder sogar tatsächlich aggressiv. Das drückt sich besonders in unserer „normalen" Alltagssprache aus. Möglicherweise fällt es vielen nicht auf, weil wir damit aufgewachsen sind und uns daran gewöhnt haben. Erst bei genauem Hinsehen und Analysieren bekommt man einen Schreck, wie viel Gewalt und Aggressivität tatsächlich vorhanden ist. Es ist die Gewalt der Eltern, die ihre Kinder zu bestimmtem Verhalten „anhalten." Es sind die Schulen, die Schülern vorschreiben, was zu tun ist. Polizei, Finanzamt, Vorgesetzte, Eheleute, alle wenden in diesem Sinne Gewalt an. Selbst wenn jemand festgehalten wird, um vor einem herannahenden Auto beschützt zu werden, ist das eine Form der Gewaltanwendung. Dies zeigt: Gewalt kann auch etwas Gutes bewirken, einen Nutzen für die betroffenen Personen haben. *Ist es schlimm, wenn ich meine kleine Tochter gegen ihren Willen (mit Gewalt) zwinge, eine Zahnspange zu tragen?* Sie wird mir das für längere Zeit möglicherweise sehr übel nehmen, um vielleicht erst nach Jahren Dankbarkeit zu empfinden.

Es scheint also Formen der Gewaltanwendung zu geben, die akzeptiert werden könnte. Somit gibt es also gute und schlechte, legale und illegale Gewalt. Hierzu einige Beispiele: Lehrer dürfen und sollen für Ordnung sorgen und gegen den Willen der Schüler Hausaufgaben aufgeben und Zensuren verteilen. Das ist aus heutiger Kultursicht legale Gewaltanwendung. Dürfen aber Eheleute untereinander, Mitschüler, Vorgesetzte oder die Kirche Gewalt anwenden? Sie tun es täglich. Mit dieser sehr entscheidenden Frage sind viele schwierige Probleme verbunden. Moral, Politik und Ideologie wollen berücksichtigt sein. Selbst wenn man Gewalt in einigen Bereichen bejaht, stellen sich Fragen: *„Dürfen die Anwender zusätzlich auch noch aggressiv dabei sein?" „Darf ein Lehrer oder Polizist seine Aufgaben mit Aggressionen durchsetzen?"* Um das einigermaßen zuverlässig beantworten zu können, lohnt es sich, die Herkunft der Verhaltensmotive zu betrachten.

Was ist Natur und angeboren? Was ist gelernt?
Da gibt es zunächst etwas Angeborenes, was wir mit den meisten Säugetieren teilen: Die Aggression bei einem persönlichen Angriff. Hier hat die Natur vorgesehen, dass wir uns mit vitalen Aggressionen wehren, mit allem, was uns zur Verfügung steht. Oder wir bekommen Angst und flüchten. Diese Art ist angeboren. Sie dient dem eigenen Schutz, dem Arterhalt und der Möglichkeit, eigene Gene zu schützen und weiterzugeben (Genfitness). Sie ist eigentlich „normal", aber auf „körperliche" Gefahren beschränkt.

Was uns Menschen angeht, gibt es da eine Besonderheit: Der Mensch ist das einzige Lebewesen, das sich *nur* durch eigene *Gedanken* angegriffen fühlen kann, ohne dass tatsächlich ein Angriff stattfindet. Das hat zu einer Vervielfachung und zu einer Inflation der Angriffssignale geführt und auch dazu, *dass der Mensch das aggressivste Wesen auf diesem Planeten geworden ist.* Das Lächerliche oder Traurige ist, das nur unsere Gedanken schon Ursache von Aggression sein können. Es muss keine wirkliche oder reale Bedrohung vorliegen. Wie wir wissen, können so auch Kriege entstehen.

Auch das Dominanzstreben und das Streben nach Macht sind angeboren. Dazu braucht es keinen Angriff, keine Bedrohung und keinen Auslöser. Es ist eine meist unbewusste Taktik. Das dahinterliegende Motiv basiert ebenfalls auf dem übergeordneten Naturgesetz der Genfitness. Wenn ich dominant und mächtig bin, das Sagen habe, über andere bestimme, habe ich extrem viel mehr Möglichkeiten, meine Gene weiterzugeben. So ist es kein Wunder, dass dieses Motiv den meisten Lebewesen angeboren ist, sich durch Selektion durchgesetzt hat und vielfach durch den Alltag eingeübt wird. Es funktioniert zunächst mit *Drohen* in allen erdenklichen Formen, wobei der Mensch zusätzlich auch mit Worten drohen kann. Er kann attraktive Folgen *versprechen*, wenn sich die anderen unterordnen, und Böses, wenn die Unterordnung abgelehnt wird.

 **Herrschaftsansprüche von Menschen werden seit Jahrtausenden mit _Drohungen_ und mit _Versprechen_ vorgetragen.**

Tatsächlich ordnen sich die anderen in der Regel unter, weil sie hoffen, beschützt zu werden und in Ruhe und ohne Angst leben zu können[130]. Wenn Sie jetzt auf die Idee kommen, dass unsere Politiker sich heute etwas verfeinert auch so verhalten, dann liegen Sie durchaus richtig. Es handelt sich um weitgehend angeborenes *animalisches* Dominanzverhalten, nicht um Demokratie oder um ein hohes Kulturgut. Was passiert nämlich, wenn sich die Menschen nicht unterwerfen? Dann können sie ziemlich sicher mit Gewalt und danach auch mit Aggressionen rechnen. Sie können sicher sein, dass sie verbal oder tatsächlich angegriffen werden. Um dafür Beweise zu finden, braucht man nur die täglichen Nachrichten oder eine Diskussion zu verfolgen oder einen Blick in die Geschichte werfen. Das betrifft nicht nur Politiker, sondern alle, die in einer Situation meinen, das „Sagen zu haben", also auch Eltern, Lehrer, Aufsichtspersonal und Führung allgemein. Das alles passiert nahezu automatisch. Zusammengenommen ist damit aber immer noch nicht die unbegreiflich häufige und „unnatürliche" Gewalt in unserer Gesellschaft erklärt. So viele „Notwendigkeiten" für Dominanzstreitigkeiten gibt es eigentlich gar nicht, und trotzdem ist unser Alltag angefüllt mit unzähligen und unnötigen Attacken. Dieses Problem wurde durch eine spezielle Kulturerrungenschaft des Menschen verursacht und extrem verschlimmert.

Bis ca. 8000 Jahre v. Cr. lebte der Mensch in kleinen Gruppen, in Clans und Familien von ca. 10 Personen. Zu dieser Zeit gab es keine allgemeinen Regeln oder Gesetze und auch kein <u>falsches</u> oder <u>richtiges</u> Verhalten.

---

[130] Das bestätigt sich ständig im Alltag oder in der Betrachtung der Geschichte

Das können sich viele Menschen heute nicht einmal mehr vorstellen[131]. Der zurückkommende Jäger hatte etwas erlegt oder nicht. Man war erfolgreich oder eben nicht. Der körperlich stärkere, attraktivere und geschickteste Jäger hatte natürlich trotzdem die besten Möglichkeiten, seine eigenen Gene weiterzugeben. Ungefähr zu dieser Zeit fingen die Menschen an, sesshaft zu werden, Ackerbau und Viehzucht zu betreiben. Sie zogen zu größeren Einheiten zusammen. Damit entstanden Probleme: Die Menschen mussten sich in größeren Gruppen und mit anderen Familien vertragen. Ebenso galt es, Arbeit, Bodenbesitz und Verhalten zu regeln.

Es verwundert kaum, dass einige dominieren und Chef werden wollten. Der „Bestimmer" zeigte sich mit Drohungen und Versprechen. Die Uneinsichtigen wurden mit Gewalt und Aggression bekämpft, bis die Führung akzeptiert war. Dieser Führer, „Chef" oder Leiter legte die ab dann gültigen Regeln für alle fest. Sie entstanden nicht durch einen demokratischen Prozess, sondern durch die egozentrische Sicht eines Einzelnen und durch Macht. Ab jetzt gab es auf einmal <u>richtig und falsch</u> und logischerweise auch Strafen. Gewalt und Aggression wurde jetzt zur Disziplinierung, Abschreckung und Rache genutzt. Daran hat sich im Laufe der Geschichte nicht viel geändert. Herzöge, Fürsten, Dorfälteste, Häuptlinge und Könige gaben die Regeln vor.

 ***Es gab eine neue Regel und Methode, die von der Natur so <u>nicht</u> vorgesehen war.***

Das alles wiederholt sich bis heute. Wir haben uns daran gewöhnt, dass wir auch in der eigenen Familie, in der Nachbarschaft und in allen anderen geeigneten Bereichen Regeln bilden und bei Nichtbeachten sofort an Sanktionen denken. Unser Handeln und Denken ist so durchwoben von der Vorstellung von richtig und falsch, dass wir den ganzen Tag von früh bis spät bewerten, beurteilen, verurteilen und häufig auch über mögliche Strafen nachdenken. Die Religionen helfen dabei, weil sie davon einen soliden Nutzen haben. Sie machten aus richtig und falsch sehr erfolgreich gut und böse und belegen jetzt alles mit Schuld und Moral. Das haben wir Menschen ohne wirklich zwingende Not selbst verursacht, ausführlich kultiviert und pervertiert. Doch wir haben erfreulicherweise auch das Zeug dazu, uns zum Besseren zu verändern. Das hat Marshall Rosenberg einmal als Hoffnung so ausgedrückt:

---

[131] Deutlich weiter verschlimmert wurde das durch die Verstädterung und durch die Möglichkeit, mehr herzustellen als benötigt wurde. Bezahlte Arbeit, Abhängigkeit, Handel und damit Ausbeutung waren die Folge und eine völlig neue Möglichkeit, Gewalt und Macht auszuüben und Menschen auszunutzen; siehe hierzu z.B. 1977, Erich Fromm: *Anatomie menschlicher Destruktivität.*

 **„Es gibt einen Ort jenseits von richtig und falsch, dort werden wir uns treffen."**

Bis dahin müssen wir damit rechnen, dass in den kleinsten Gruppen sofort ein Dominanzgezänk und Ärger über nicht abgestimmte Regeln entstehen wird. Das geschieht bis heute in einem unglaublichen Ausmaß. Unsere Wahrnehmung, unsere Emotionen und unser Verhalten haben sich in diesem Sinne aktuell deutlich verändert.[132] Das noch leicht widersprechende Gewissen, das möglicherweise behindernde Unrechtsbewusstsein gewöhnt sich auf lange Sicht daran, obwohl das den Anforderungen oder der Logik der Natur nicht entspricht, weil es viel zu aggressiv, zu schädigend und zu destruktiv ist. Eine abschwächende natürliche Selektion findet in diesem Bereich bis jetzt nicht mehr statt. Leider wird so auch eine Entwicklung zu einer besseren Gesellschaft oder Gemeinschaft verhindert. Dafür müssen wir jetzt endlich die Verantwortung übernehmen! Wie weit wir uns von der „Natur" entfernt haben, zeigt folgendes Beispiel:

Sie kaufen eine Pflanze und betrachten sie liebevoll. Sie bemerken nach kurzer Zeit, dass sie sich nicht so entwickelt, wie sie möchten. Sie denken über die einfallende Lichtmenge, über Wasser und Dünger nach. Sie versuchen, die Bedingungen für gesundes Wachstum bereitzustellen. Warum strafen Sie dann aber Ihren Sohn, wenn er sich nicht so entwickelt, wie Sie es wollen?

Wir merken oft gar nicht mehr, wie viel Gewalt wir alltäglich ausüben. Die häufigste Botschaft an unsere Kinder ist: *„Du bist nicht ok, du musst dich ändern!"* Das hören sie zu Hause, in der Kita, in der Schule, auf der Lehrstelle und später im Berufsleben. So kann sich kein gesundes Selbstwertgefühl entwickeln. Möglicherweise wollen wir das auch gar nicht. Es entstehen „Ich-schwache" Menschen, die Rollen spielen und opportunistisch werden. Mit diesem „unechten" Schauspiel versuchen sie die notwendigen „Streicheleinheiten" zu bekommen und funktionieren dadurch dann reibungslos in unserem aktuellen Wirtschaftsleben. Sie sind berechenbar, ihr Geschmack ist standardisiert und leicht zu beeinflussen. Sie sind bereit, sich befehlen zu lassen und sich einzufügen. Sie halten sich trotzdem für frei und unabhängig und wünschen sich nur, mehr konsumieren zu können. Man kann den Eindruck bekommen, dass es Absicht sein könnte, dass es ein heimliches Curriculum gibt Menschen so zu erziehen. Wollen wir das alles so? Wenn die Betroffenen sich das nicht gefallen lassen wollen, wird mit Aggression geantwortet und auch vor Gewalttaten nicht zurückgeschreckt. Hier bildet sich der Unterschied sehr deutlich ab zwischen

---

[132] Sinngemäß auch: M. Schmidt-Salomon; *Jenseits von Gut und Böse*, 2012

Natur und Kultur, zwischen Angeborenem und dem, was wir bisher daraus gemacht haben.

Lösungsansätze
Der grundlegendste Weg aus diesem Dilemma wäre eine <u>wirklich</u> gewaltfreie Haltung und eine menschgerechtere Gesellschaft[133]. Das bedeutet:

Fühlen Sie sich eingeladen, einige der geschilderten Tipps und Vorschläge aus diesem Buch persönlich umzusetzen. So sorgen Sie dafür, dass sich in Ihrem Umfeld kleine Schritte der Veränderung abbilden.

Für Sie persönlich ist der erste wichtige Schritt auf dem Weg schon jetzt gegangen, wenn Sie sich bemühen, weniger zu bewerten. Es gibt auch ohne eine neue Staatsphilosophie einige Wege, die vorkommende Gewalt zu reduzieren und den Rest menschengerechter zu organisieren.

1. Es beginnt damit, deutlich zu unterscheiden.
   a) Was sind <u>zurzeit</u> noch notwendige und akzeptierte Ordnungsbereiche, die notfalls direktiv – also bestimmend - und gewaltsam durchgesetzt werden müssen?
   b) Welche Fälle gehören nicht dazu? Damit ist auch schon die Verbesserung der Zukunft enthalten.

Die erste Gruppe erfordert freundliche, selbstbewusste Direktivität (z.B. Richtlinien, Verhaltensmaßregeln) und damit auch meist eine asymmetrische Kommunikation (Ungleichrangigkeit der Gesprächsteilnehmer), aber keine Aggression. Die verkannte, sehr <u>viel größere</u> zweite Gruppe könnte *ausschließlich* mit symmetrischer und gewaltfreier Kommunikation bearbeitet werden.[134].

2. Es wird immer wieder vorkommen, dass auch legitime Gewaltanwendung mit unnötiger Aggression vermischt wird. Das ist absolut nicht erwünscht, aber sehr schwierig abzustellen. Polizisten, Ordnungskräfte und Lehrer als beispielhafte Vertreter dieser Gruppe *müssen* nicht aggressiv werden. Sie wissen, dass sie nüchtern konstatieren und reagieren sollten. Das ist jedoch nicht so einfach. Menschen werden in bestimmten Situationen aggressiv. Das hängt mit dem oben schon beschriebenen animalischen Erbe und besonders mit Bewertungen, Verurteilungen, mit Haltun-

---

[133] 1974, Erich Fromm, *Der moderne Mensch und seine Zukunft*, EVA; 2004 M. Rosenberg, *Gewaltfreie Kommunikation; 2010,* 2016, L. Röhrig, *Glück finden*, Wege zu einer menschengerechteren Gesellschaft
[134] 1989, L. Röhrig, *Konfliktbewältigung ohne Gewalt?* DPb 3 S. 2 – 26;

gen und der eigenen Wahrnehmung zusammen. Die Arbeit an Einstellungen und notwendigen Kompetenzen ist sehr schwierig und erfordert Zeit, Einsicht und viel Disziplin. Doch es ist möglich.

Genauso „normal" ist der aggressive <u>Widerstand gegen die hier beschriebene Gewalteinwirkung,</u> auch gegen legitime Gewalt. Die Gewaltanwender müssten gelernt haben, wie mit solchen Widerständen konstruktiv und auch gewaltfrei umgegangen werden kann[135]. Alle Bereiche erfordern eine wohlabgestimmte Veränderung der Curricula und Erziehungsziele, weil alles miteinander verwoben ist. Noch wirksamer wären geeignete Modelle, die es offensichtlich gut vormachen. Der Erfolg solcher Bemühungen hängt ab von der Qualität des Selbstwertgefühles, der Ich-Stärke (s.u.), der Art der Ausbildung, der Haltung zur Gesellschaft, der Vorbilder usw. Hier sind neben dem Individuum auch die Gesellschaft, die Politik und die Institutionen (Schule, Polizei) gefordert. Wie bereits mehrfach erläutert: Veränderung beginnt bei uns selbst. Deshalb richten wir den Focus nochmals auf unsere persönlichen Möglichkeiten.

3. Grundsätzlich haben wir Menschen nämlich die geistigen Fähigkeiten und auch die praktischen Möglichkeiten, uns von unnötiger Gewalt zu lösen[136]. Wir könnten beispielsweise unsere Alltagssprache weiter entwickeln, hin zu einem gewaltfreien Umgang miteinander. Wir könnten es. Also lassen Sie es uns TUN.

Eine gewaltfreie Haltung einnehmen
Beginnen wir zunächst damit, eine notwendige gewaltfreiere Haltung einzunehmen. Machen wir uns also beispielsweise klar, dass ein handelnder Mensch in diesem aktuellen Moment genau das tut, was er *kann* und was seinen *aktuellen Bedürfnissen* entspricht. Möglicherweise ist dieses <u>für ihn richtige Verhalten</u> für andere oder für die Gesellschaft sehr störend oder inakzeptabel. Das sollten wir dann auch nur <u>so</u> vertreten, empfinden, sagen und bearbeiten. Wir sollten bewertende Aussagen vermeiden, wie zum Beispiel:

„Du bist schlecht, du bist nicht richtig,
du bist nicht ok, du musst anders sein..."

---

[135] 2017, Anforderung an Kommunikation im Alltagshandeln der Polizei, DPb oder Thomas Gordon, *Familienkonferenz*

[136] Sinngemäß: 1974, Erich Fromm, *Der moderne Mensch und seine Zukunft*, EVA; 1973, Alexander Mitscherlich, *Auf dem Weg zur vaterlosen Gesellschaft*, Pieper

Ausdruck einer gewaltfreien Haltung[137] sind beispielsweise folgende Gedanken und Sätze:

„Du hast bestimmt gute Gründe, dich so zu verhalten, wie du es gerade tust. Für dich scheint das richtig zu sein. Das löst aber bei mir damit folgende Probleme aus.../ Das ist für mich und unsere Gemeinschaft nicht akzeptabel.../ Das geht aus den folgenden Gründen nicht...."

 **Du bist ok, dein Verhalten aber nicht!**
Wichtig ist, nur die Tat abzulehnen, aber nicht den Täter. Tat und Täter muss man nach Möglichkeit trennen.

Also sollten wir immer ein konkretes Verhalten ansprechen und nicht Eigenschaften oder Bewertungen abgeben. Es ist verständlich, wenn Sie jetzt trotzdem weiter über Extreme nachdenken und meinen: *„Manchmal kann ich das nicht trennen, und in einigen Fällen muss Strafe doch sein."* Es ist durchaus richtig, dass manchmal die Möglichkeit für eine solche gewaltfreie Kommunikation zeitlich und tatsächlich nicht mehr besteht, weil konkretes Handeln sofort gefragt ist, wie zum Beispiel in Polizeieinsätzen oder in tatsächlicher Not. Mit der angesprochenen inneren Haltung kann aber dann <u>nach</u> diesen „Nothandlungen" trotzdem immer noch konstruktiv kommuniziert[138] und das Geschehen besprochen werden.

In diesem Zusammenhang drängt sich die Frage auf, wann man grundsätzlich an Strafen nicht vorbei kommt? Das ist sehr schwierig zu beantworten, denn die allermeisten Menschen sind nicht böse oder feindselig. Sie sind bereit, Rücksicht zu nehmen, zu helfen und ihr Verhalten anzupassen, damit es auch anderen gut geht. Sie wollen geliebt und geachtet werden. Sie möchten nicht täglich hören, dass sie nicht ok sind. Auf keinen Fall möchten sie weder körperlich noch psychisch gezwungen, angegriffen oder verletzt werden. Dann gelten leider andere Regeln.

Der größte Teil unserer gesellschaftlichen Gewaltprobleme könnte allein durch eine andere *Haltung* und mit einer anderen *Sprache* beseitigt werden, und das kann sich jeder aneignen. Besser wäre es, wenn die Menschen es schon in der Schule oder von den Eltern gelernt hätten.

Ich möchte noch einmal klar sagen: Wenn jemand irgendwann wirklich glaubt, dass er nicht richtig ist, weil er immer wieder hört: *„Du bist nicht ok",*

---

[137] M. Rosenberg, *Gewaltfreie Kommunikation* (verschiedene Bücher)
[138] Kommunikatives Einsatzmodell A der Polizei NRW; L. Röhrig, (1989). *2017, Anforderungen an Kommunikation im Alltagshandeln der Polizei.* DIE POLIZEI, Heft 4, S.187 – 248; Röhrig, L.(1996). *Einsatzkommunikation und Konfliktmanagement.* In: PDK-Lehrbuch, Hersg. R. Taschenmacher

wird er sich <u>nicht</u> ändern, sondern sich zurückziehen, verlogene Rollen spielen, um Zuneigung buhlen oder destruktiv, egoistisch, gewalttätig und rücksichtlos werden. Er wird möglicherweise darüber nachdenken, sich zu rächen, andere zu dominieren und anderen die Schuld geben. Er wird vielleicht versuchen, andere für seine egoistischen Zwecke auszunutzen und ihnen Gewalt anzutun. Er wird mindestens so handeln, wie er behandelt worden ist. Mit anderen Worten:

 ***Gewalt bringt immer neue Gewalt hervor***

Aggressionen, Kränkungen und Verletzungen warten auf Rache. Es entsteht ein gesellschaftsschädigender Teufelskreis, den wir täglich beobachten können. Unnötige Gewalt und Aggression könnten unterlassen und verhindert werden. Welcher unbedingt notwendige Rest an Gewalt bleibt dennoch übrig? Es muss klar sein, dass selbst in den Bereichen, in denen wir eine Gewaltanwendung zulassen wollen oder müssen, <u>Aggressivität</u> immer noch unzulässig ist. Ein Polizist hat die Staatsgewalt zu vertreten, seine Aufgaben zu erledigen, Anordnungen zu treffen und andere auch gegen ihren Willen festzunehmen. Lehrer sollen für ordentlichen Schulbetrieb, für notwendige Disziplin und angemessenes Verhalten sorgen. Eltern müssen gesellschaftlich akzeptierbares Verhalten weitergeben. *Aber keiner von ihnen hat die Lizenz, mit Aggressionen zu schädigen oder andere zu besiegen.*

Ohne Aggression auszukommen, ist keine leichte Pflicht[139]. Es erfordert, wie schon gesagt, neben Einsicht auch Kompetenz, Disziplin und viel Übung. Das ist leicht einsehbar, weil wir mit der alten Strategie zu viele Jahre verbracht haben und vermutlich selbst so erzogen wurden. Es ist sehr verständlich und „normal", wenn in Konfliktsituationen trotzdem immer wieder Aggressionen hochkommen. Wir sollten bei diesem Wachstumsprozess für alle Geduld aufbringen, ohne es an der notwendigen Zielstrebigkeit fehlen zu lassen.

Vieles sieht auf den ersten Blick wie ein individueller Angriff aus, der vermeintlich eine Verteidigung erfordert. Kommunikationswissenschaftler wissen das. Auf einen tatsächlich <u>beabsichtigten</u> verbalen Angriff kommen mehr als 100 „ungeschickte Gesprächseröffnungen", die sich egozentrisch nur um die eigenen Probleme des Senders drehen und vom Empfänger aber fälschlich als Angriffe empfunden werden, obwohl sie in Wirklichkeit keine sind. Ursachen dafür liegen in der falschen Entschlüsselung der Botschaft, in mangelnder Sprachkompetenz und häufig in einem schwachen,

---

[139] Erfahrungsgemäß geht es nicht ohne intensive Arbeit und Selbstformung oder Fortbildung.

gefährdeten Selbstwertsystem. Das alles erscheint uns in unserem Alltag als normal und fällt uns gar nicht mehr auf. Es entbindet uns aber nicht von der Pflicht, unsere Kultur langfristig menschengerechter zu verändern und solches Verhalten zu unterlassen. Menschen haben grundsätzlich die Möglichkeit, sich von hochkommenden animalischen und angeborenen Aggressionswünschen zu befreien. Wir können solche Impulse nahezu immer frühzeitig bemerken, dämpfen, unschädlich machen, in sinnvolle Richtungen lenken oder gewaltfrei kommunizieren, wenn wir es wollen.

Ursache kann Selbstwertschwäche sein

Jeder Mensch benötigt ein gesundes Selbstwertsystem. Hat er das nicht, so funktioniert er nicht und wird langfristig auch ernsthaft krank. Wir Menschen unternehmen deshalb sehr viel, um das System zufriedenzustellen. Wir suchen überall nach Lob und Streicheleinheiten und nehmen sie mit scheinbar unersättlicher Gier entgegen. Dabei haben einige Menschen es leichter als andere, weil sie schöner, intelligenter oder reicher als andere sind. Nehmen wir an, sie bekommen ohne große Anstrengung täglich ihre benötigten 100 Streicheleinheiten und manchmal sogar noch viel mehr. Sie reagieren darauf, indem sie anspruchsvoller werden. Nicht alles, was für andere völlig ausreichen würde und tauglich ist, ist für sie dann eine wirksame Zuwendung. Sie justieren nach. Ihnen geht es dabei nicht besser, im Gegenteil – Mängel gefährden sie trotzdem. Manchmal werden sie dabei überheblich, arrogant oder zeigen völlig unverständliches Verhalten.

Was aber machen die anderen, die zu wenig bekommen? Sie fangen an, ihre Umgebung darauf aufmerksam zu machen. In unserer modernen Gesellschaft ist das ziemlich nutzlos und unwirksam. Sie fangen dann an anzugeben. Auch das führt nicht zum Erfolg, ist sogar häufig kontraproduktiv. Sie probieren den nächsten Schritt aus und reden schlecht über andere. Das funktioniert meist ganz gut. Andere beteiligen sich oft mit Spaß daran. So wird sehr gern über Vorgesetzte, Nachbarn, Fremde, Bekannte und Politiker hergezogen, frei nach dem Motto: *Wenn die alle blöd sind, merkt doch vielleicht auch mal einer, dass ich besser bin.* Fachleute wissen, dass das sehr beliebt ist, aber eine Subkultur darstellt und nicht wirklich hilft. Im Gegenteil, es vergiftet die Beziehungen. Wenn Sie vor einiger Zeit schlecht über jemanden geredet haben, hat das Ihre Haltung zu ihm verändert und die nächste Zusammenkunft wird dadurch belastet und gestört. Möglicherweise merkt der andere das auch und reagiert ebenfalls destruktiv.

Viele gehen bei andauernden Mängeln dazu über, sich die Streicheleinheiten durch die Zugehörigkeit zu einer sozialen Einheit zu holen, beispielsweise: *Ich bin Deutscher (Denker und Dichter), FC Bayern-Fan oder gehöre zur Leitung der Behörde usw.* Treffen sie auf Zuhörer, die das ähnlich sehen, schwelgen sie mit großer Genugtuung in den fremden und geliehenen unechten Streicheleinheiten. Es funktioniert bei unglaublich vielen Menschen, sich einen Teil ihrer dringend benötigten Streicheleinheiten in der Fremde zu holen, ohne selbst etwas zu leisten.

Was ist daran schlimm? Sie bleiben ja immerhin psychisch gesund. Doch mit der Zeit verinnerlichen sie die eigentlich fremden Strukturen. Diese werden ein Teil der Persönlichkeit, sie deformiert. Es wird sehr unangenehm und gefährlich, wenn diese Teile von anderen nicht anerkannt oder sogar angegriffen werden. Ein Fan fühlt sich deshalb <u>persönlich</u> angegriffen, wenn jemand etwas gegen *,seinen'* Verein sagt. Für ihn ist das ein gefährlicher *persönlicher* Angriff, auf den er möglicherweise mit Aggression und Gewalt reagiert.

Einem großen Teil der alltäglichen Aggressionen liegt ein gestörter oder zu schwacher Selbstwert zugrunde. Wer seinen Selbstwert damit ernährt, zu einer bestimmten sozialen Einheit zu gehören (z.B. ein Deutscher zu sein), bildet gleichzeitig abwehrende und erniedrigende Einstellungen gegen Nichtgruppenmitglieder. Die meisten Aggressionen richten sich dann gegen den nun erkannten „Feind", ohne von diesem wirklich angegriffen worden zu sein. Kommt dann noch Angst um die eigene Existenz hinzu, schlägt die Feindseligkeit leicht in Hass um.

Leider verstärken manche Organisationen diese Mangelprobleme. Wenn z.B. der eigene Arbeitgeber nicht genug „Streicheleinheiten" verteilt, darf er sich nicht wundern, wenn es langfristig ernste Probleme gibt. Die Qualität der Arbeit wird sinken, die Kosten werden zunehmen und Fehlzeitenquoten werden ansteigen. Angst wächst. Was können wir dann tun? Wenn es Ihnen gelingt, eine grundsätzlich andere, gewaltfreiere Haltung einzunehmen, werden die Menschen in Ihrer Umgebung das merken. Sie haben es dann unendlich viel leichter, selbst Akzeptanz zu erfahren und ein gesundes Selbstwertsystem aufzubauen[140] und anderen dabei zu helfen.

Der Körper ist immer im Hier und Jetzt. Nur unser Kopf kann sich in die Zukunft oder in die Vergangenheit begeben und durch Erinnerungen oder Zukunftsangst gefühlsmäßig reagieren. Wenn Sie sich unsicher sind, ob die Erfahrungen, die Sie machen werden, für Sie richtig und gut sind, beobachten Sie einmal ganz genau, wie Sie sich fühlen. Lassen Sie die Zukunft und Vergangenheit für einen Moment beiseite und beobachten Sie, welches allgemeine Körpergefühl Sie *im Moment* haben. Vertrauen Sie

---

[140] Anschaulich dargestellt in: Röhrig, 2016, Anna dreht sich nicht um, BoD

dann auf Ihr Gespür bei allen Erfahrungen, die Sie machen werden. So werden Sie das für Sie Richtige erkennen.

Keine Feindbilder zulassen

Natürlich gibt es auch Feinde in unserer Gesellschaft, für einzelne Personen, für die Freiheit, die Menschheit, die Umwelt oder den Frieden. Die damit verbundenen Vorstellungen sollen uns eigentlich vor Schaden bewahren. Feindbilder haben aber auch noch eine *zusätzliche* Funktion, die muss man kennen. Aus dem A-B-C-Modell wissen wir bereits, dass wir regelmäßig einen Schuldigen suchen und bei häufigen Wiederholungen eigene Feindbilder bilden, die einerseits etliches vereinfachen und andererseits vieles verschlimmern. Die Feindbilder entstehen durch unsere Beurteilung eines Ereignisses - wir stellen es also vor allem selbst her. Dies können wir nur verhindern, indem wir weniger bewerten und achtsamer sind.

Der Kabarettist Volker Pispers sagte einmal sinngemäß: *„Wenn Sie ein Feindbild haben, bekommt der Tag Struktur."* Damit bringt er es ziemlich genau auf den Punkt. Ein Feindbild kommt unserer Psyche sehr entgegen. Wir fühlen uns viel besser. Die Welt ist dann klar in Schwarz und Weiß getrennt, was alles viel einfacher macht. Infolgedessen sind wir gern bereit, ein Feindbild zu bilden und fest daran zu glauben. Wir reagieren schneller und ohne nachzudenken, aber nicht unbedingt vernünftiger.

Verstärkt wird dieser Vorgang durch eine alles durchdringende Wettbewerbsorientierung. Die tägliche Überdosis an Konkurrenz und Interessenkampf in unserer Gesellschaft sorgt langfristig für eine *diffuse* unübersichtliche Feindbildzusammensetzung. Sie stresst und verstärkt die schon vorhandenen Bilder, macht alles bedrohlicher. Das wird uns normalerweise nicht bewusst, färbt jedoch unser tägliches Erleben ein und beeinflusst unsere Reaktionen. Manche Menschen fühlen sich dann von Konkurrenten und Feinden umzingelt.

Andererseits hilft es den Machthabenden dabei, uns zu steuern und auszurichten. Mit einem Feindbild kann man Meinungen herstellen, Konsum fördern und beeinflussen, Wahlen verändern, Kriege und andere unangenehme Vorhaben begründen und absichern. Es ist deshalb sehr attraktiv und täglich geübte Praxis, die Denk- und Bewertungsmuster mit verdeckten Interessen zu lenken und für eine gezielte Feindbildentstehung zu sorgen. Deshalb beschäftigen sich unglaublich viele Menschen aktuell damit, gezielt und geplant künstliche Feindbilder für die Politik und die Werbung herzustellen. Das hat besonders große Bedeutung, wenn man Macht haben, Gewalt ausüben will oder Kriege führen möchte.

Erst geschieht der Rufmord, dann der tatsächliche Angriff, der Schädigungs- oder Tötungsversuch.

Deshalb gibt es viele zusätzliche, von außen künstlich hergestellte Bilder, die wir nicht selbst konstruiert haben. Sie werden überwiegend medial vermittelt und so unauffällig verursacht, also künstlich durch Propaganda initiiert. Sie werden durch leicht veränderte Nachrichten, durch Weglassen und tendenzielle Berichte, einseitige Zeitungsartikel oder sehr klar durch Lügen und Unwahrheiten generiert. Das können beispielsweise Videos in den Nachrichten sein, die spiegelverkehrt gesendet werden, weil russische Soldaten für unser Gehirn von rechts kommen müssen. Oder es ist der bewusste Austausch von Begriffen, wenn beispielsweise der Begriff ‚gewählter Präsident' durch ‚Machthaber' ersetzt wird[141]. Das wirkt langsam, aber gründlich. Es entsolidarisiert eine Gesellschaft und schweißt die Feindbildbesitzer zusammen. Das ist politisch sehr beliebt und interessant. Auch im Internet geht es in vielen Videos nur um Beeinflussung, um Selbstdarstellung oder Macht und nicht um Information.

Es beginnt mit Verunsicherung.
Der Feindbildbildungsprozess beginnt meist mit einer Verunsicherung, die teils sogar bewusst verursacht wird, um eine Polarisierung auszulösen. Dieses Verunsicherungsphänomen haben wir schon seit 1989 mehr oder weniger verstärkt erleben müssen. Seit dem Fall der Mauer und der schneller werdenden Globalisierung haben sich Veränderungen immer rasanter vollzogen. Das erlaubt vielen Menschen kaum noch, alles zu verstehen oder zu durchschauen. Manche politische Erklärung wird absichtlich so kompliziert gehalten, dass dieser Effekt verstärkt wird. Verunsicherung löst Angst aus. Und Angst ist kein guter Ratgeber. Angst öffnet aber Türen, um ein Feindbild zu suggerieren, das gern akzeptiert wird, weil es vermeintlich alles leichter macht. Fehlinformationen zerstören langsam das vorhandene Solidargefühl und den noch vorhandenen Zusammenhalt, vernichten den Rest an Vernunft - verringern aber andererseits die Angst.

Solche Bilder entstehen normalerweise nicht frei und zufällig. Die Stimmung in der Gesellschaft und die Meinung der Bekannten sind eine Art Rahmen, der formt, einiges nahelegt und anderes behindert. Wir übernehmen Feindbilder in der Regel, ohne dass wir es bemerken. Wir

---

[141] presserat.de - jährliche Zusammenstellung der Abmahnung

bemerken weder den Vorgang noch das Ergebnis - und sind uns ebenso wenig klar darüber, dass wir es gar nicht selbst hergestellt haben[142].

Dabei tritt ein nicht immer gewünschter Nebeneffekt ein. Feindbilder schweißen zusammen und machen die, die sie übernommen haben, weitgehend resistent gegen Veränderungen. Eine Diskussion darüber ist sehr schwierig und meist völlig erfolglos. Häufig wird die Einseitigkeit dadurch sogar noch verstärkt. Wenn der Bündelungseffekt nicht gewünscht ist, wird systematisch „gespalten." *„Teile und herrsche"* bedeutet nicht, dass der Machthaber mit dem Volk etwas teilen will. Gemeint ist, Widerstände zu teilen und zu zerschlagen. Das heißt, dass die bestehende Meinung gespalten wird, z.B. in Ost und West, in Muslime und Christen oder Ausländer und Einheimische, in rechts und links, in Retter und IS-Kämpfer, in gut und böse. Dieses Vorgehen macht mundtot, verhindert fruchtbare Diskussionen, zerstört Wachstum, verfälscht Geschichte und macht die Betroffenen einfältig, dumm und beherrschbar. Das alles geschieht nicht zufällig, sondern systematisch, um die tatsächlichen Beweggründe zu verschleiern. Gleichzeitig lenkt es besonders stark von wirklich Wichtigem ab. Wenn wir mit Gedanken beim Feind sind, kann in der Heimat alles Mögliche passieren, ohne dass es besonders zur Kenntnis genommen wird.

Über festgefügte Feindbilder sprechen?
Es gibt vermutlich kein taugliches Argument, was geeignet wäre, ein Feindbild zu erschüttern. Auch die Anzahl der Gegenargumente ist irrelevant. Selbst wenn sich Indizien dafür mehren, dass das Bild falsch ist, verstärkt dies gleichzeitig die Motivation, daran festzuhalten und das Bild zu verteidigen, denn der Bildbesitzer kann systemisch nur einen *kleinen* Bereich an Relativierung ertragen oder zulassen. Also sollten wir nicht kämpfen, sondern nur relativieren und klarmachen, dass man alles auch anders sehen kann. Schön wäre es, wenn es gelingen könnte, dies ohne „Bewertung" des anderen und ohne Veränderungsabsicht durchzuführen. Das erleichtert es dem Zuhörer um ein Vielfaches, über eine andere Sicht überhaupt einmal nachzudenken. Das Paradoxon lautet: *In dem Moment, in dem wir aufhören, andere ändern zu wollen, werden sie selbst die ersten Schritte dazu machen können.* Freiheit und das Selbststeuerungsmotiv sind verwandt und abhängig voneinander.

---

[142] Siehe hierzu auch Johannes Geldermann, Daniele Ganser, David Precht, Sebastian Pufpaff, et al oder: *Die Anstalt*- Stichwort „Feindbild"

Wenn es über längere Zeit gelingt, eine wirklich gewaltfreie oder gewaltarme Haltung einzunehmen, werden sich Ihre eigenen Vorurteile und Feindbilder abschwächen und zu einem Teil verschwinden. Trotzdem bleibt der Bereich Feindbild ein Problem, das in einem Selbstkonzept genau beobachtet werden muss.

- *Beobachten Sie sich selbst genau und steuern und überprüfen Sie Ihre entstehenden Gedanken und Bilder.*
- *Relativieren Sie in einem Gespräch grundsätzlich bei verallgemeinernden Feindbildern, aber in sehr kleinen Dosen. Sagen Sie etwas dazu, ohne Streit auszulösen. Nur so kann Solidarisierung aufrechterhalten bleiben.*
- *Ermuntern Sie andere zu einer solchen Vorgehensweise.*

Dazu gehört schon einiger Mut sowie die Einsicht, dass damit auch Nachteile verbunden sein können[143]. Sagt man etwas gegen ein fest geglaubtes Bild, löst das zunächst schlechte Gefühle, teilweise aggressiven Widerstand und im Extremfall völliges Unverständnis aus. Hardliner fragen sich dann manchmal, wie man *nur eine solche komische Meinung haben kann.* Damit sollten Sie rechnen und Ihre gewaltfreie Haltung aus Verantwortung für die Gemeinschaft und Menschheitsfamilie trotzdem beibehalten. Ich bin sicher: Langfristig wird es wirken.

Der fruchtbringende Moment für persönliches Wachstum

Es gibt einen kleinen, extrem wichtigen, nur wenige Sekunden langen Moment, der eine zentrale Bedeutung hat für die danach folgenden Reaktionen, aber auch für Veränderung und persönliches Wachstum. In diesem Moment *entscheidet sich alles.* Er kommt über den Tag verteilt viele hundert Male vor und lenkt den Weg zu den anschließenden Reaktionen und Folgen. Genau an dieser Stelle entstehen Stress, Ärger, Aggression, Missverständnis, Verletzung oder aber Gelassenheit, Gesundheit, verträgliches Verhalten, Glück, Zufriedenheit und tragfähige Beziehung. Es ist eine Stelle, an der sich die Qualität entscheidet. Ihre Bedeutung kann man daher nicht hoch genug einschätzen. Wenn es gelingt, genau an dieser Stelle anzusetzen, kann damit ein unvorstellbarer Kompetenzschub ausgelöst werden. Wie kann es Ihnen nun gelingen, diesen fruchtbringenden Moment zu bemerken und für Ihr persönliches

---

[143] Aus Achtung und Wertschätzung sei hier erwähnt, dass z.B. die Professoren Rainer Rothfuß und Gabriele Ganser langanhaltende berufliche Probleme bekommen haben und es auch Journalisten trifft, z.B. Gerhard Wisnefski et al.

Wachstum nutzbar zu machen? Auch hier gilt: Nur das, was man kennt, kann man sehen oder bemerken.

Wie sehen, hören und spüren wir?
Beginnen wir wieder mit einem ersten Schritt, indem wir uns fragen, wie wir die Dinge um uns herum wahrnehmen. Wie sehen, hören und spüren wir? Ein vereinfachtes Beispiel verdeutlicht das. Das Auge sieht etwas. Es sendet das Gesehene in einfachen Signalen an das Gehirn. Das versucht sich zu erinnern. Kenne ich das? Ist es gefährlich? Habe ich darauf schon einen Handlungsvorschlag? Mit den anderen Sinnesorganen ist es ähnlich. Erst danach freuen oder ärgern wir uns, bekommen wir Angst oder Wut und können motiviert handeln. Das alles kennen wir schon aus dem A-B-C-Modell. Wir machen das so, wie wir es in unserem Gehirn festgelegt haben. Haben wir viele Dinge abgespeichert, die glücklich machen und Freude auslösen, werden wir häufig glücklich sein. Haben wir aber vieles festgelegt, was gefährlich und schädlich ist - wie es völlig normal und natürlich ist - werden wir häufig Angst haben.

Kann das Gehirn mit den empfangenen Informationen nichts anfangen, weil es nichts wiedererkennt, gibt es verschiedene Möglichkeiten: Wir sind verunsichert, regen uns auf oder reagieren gleichgültig und versuchen, uns mit anderen Dingen zu beschäftigen. Das ist unangenehm und auch die Menschen um uns herum kommen damit nicht gut klar. Denn sie erwarten einen Mitmenschen, der versteht, wiedererkennt, zuhört, sich zuwendet und nicht Signale von Ratlosigkeit, Desinteresse und Abkehr aussendet. Daher ist es hilfreich und teilweise sogar notwendig, Kenntnisse über sich selbst zu haben. Eine oft vorgeschlagene Methode, sich selbst genauer zu erkennen, besteht darin, über sein Leben nachzudenken, zurückzublicken, zu analysieren, um dann festzustellen, wie wir sind und warum das so ist. Diese Methode kann durchaus gute Früchte tragen, wenn sie von einem Therapeuten begleitet wird. Als Selbstkonzept ist sie viel weniger geeignet. Denn unser Gedächtnis funktioniert nicht objektiv. Unsere Psyche geht nicht jeden Weg und lässt nicht jede Erkenntnis zu. Das Ergebnis wird deshalb keine fehlerlose Ausgangsbasis für Veränderungen ergeben. Trotzdem ist es möglich, selbst an sich zu arbeiten. Dazu müssen allerdings die vielen Fehlerquellen weitgehend ausgeblendet werden. Dazu eignet sich eine Selbstreflektion, die sich nur auf das momentane Erleben konzentriert.

Glauben Sie nicht alles, was Sie selbst denken und was dann Ihre negativen Gefühle auslöst. Zweifeln Sie. Der Hintergrund ist mit großer Wahrscheinlichkeit nicht Ihre eigene Beobachtung oder Erkenntnis, sonder Sie haben es im Fernsehen gesehen, gehört oder gelesen. Möglicherweise ist es auch beabsichtigt, dass Sie es so sehen. Fragen Sie sich: *Ist es wirklich vollständig wahr? Wer hat einen Nutzen davon, dass ich das glaube?* Relativieren Sie.

Sich selbst erkennen

»Wenn wir Emotionen bemerken, sobald sie entstehen, sind sie durch Vergleiche, Gedanken und Gedächtnis noch nicht [wesentlich] verzerrt. Genau in diesem Moment können Gefühle als Signale für Vorlieben und Abneigungen dienen, so, wie die Natur sie eingerichtet hat. «... »Ein Augenblick genügt, um sich die Emotionen bewusst zu machen.«[144] Wenn das häufig passiert, wenn Sie das mehrfach machen und dadurch gute Kenntnis über Ihre Reaktionsweisen erwerben, fällt es Ihnen sehr viel leichter und genauer zu erkennen: *»So reagiere ich, das tut mir gut und das nicht, so bin ich anscheinend.«*

TIPP

Dazu ist es hilfreich, ein Tagebuch zu führen oder sich kurze Aufzeichnungen zu machen. Auch das funktioniert nur mit einiger Disziplin. Doch es lohnt sich! Auf der Grundlage Ihrer Daten können Sie recht verlässlich feststellen, auf welche Dinge und Verhaltensweisen Sie in welcher Art und Stärke reagieren, was Sie brauchen und auf was Sie gerne verzichten können. Obwohl es sehr persönlich ist, sollten Sie schriftlich arbeiten und eine Art Tabelle anlegen und über einen längeren Zeitraum hinweg viele Informationen über sich selbst sammeln.

Gefühl	Situation	Gedanken	Wann	Wo

Erst wenn der zu Grunde liegende Datensatz relativ groß ist, Sie viele Einzelheiten notiert haben und das Ergebnis dadurch relativ sicher ist, wird Ihnen klar: *Ich reagiere so und so auf bestimmte Situationen.* Beispielsweise: Wenn ich angegriffen werde, greife ich auch an. Wenn jemand Hilfe benötigt, frage ich nach Einzelheiten, vermutlich, weil ich bewerten und helfen will.

Nach diesem Schritt kann es sinnvoll sein, nach dem Warum zu fragen: *»Warum kann ich das nicht gut haben? Warum tut mir das andere gut?« »Was kann ich unternehmen, damit es mir bessergeht, mehr gute*

---

[144] Stefan Klein: *Die Glücksformel oder wie die guten Gefühle entstehen*, Reinbek bei Hamburg 2002, S. 236, Klammervermerk hinzugefügt
Sinngemäß auch Gerald Hüther, *Biologie der Angst*

Situationen entstehen. Was kann ich machen, um die negativen Situationen in ihrer Wirkung zu handhaben oder sie gar zu vermeiden?« Dieses Vorgehen reduziert Stress und Angst in unglaublichem Maße und ermöglicht wohl abgestimmte Reaktionen. Wenn Sie zum Beispiel *bemerken*, dass Sie wütend werden, wird der Anstieg der Wut viel schwächer ausfallen, es wird erheblich leichter einen »kühlen« Kopf zu bewahren.

Decken Sie unglücklich machende Gedankenketten auf

Wenn Sie schon an diesem Punkt der Betrachtung angekommen sind und sich selbst genau beobachten, so können Sie auch Ihre Stimmung langfristig verbessern. Wir denken in Sprache. *Wir fühlen, was wir denken.* Das beginnt schon damit, wenn Sie etwas hören oder lesen. Sie können es nicht verhindern, dass Sie etwas dazu denken. Automatisch wird sich ein Gefühl dazu einstellen. Häufig ist es aber so, dass das Gehörte oder Gelesene absichtlich so formuliert wurde und in der Tendenz gar nicht wirklich richtig ist. Trotzdem haben Sie das volle, dazu gehörende Gefühl. Das passiert automatisch. Es klappt auch, wenn es vollständig gelogen und erfunden ist. Politik und Werbung wissen das. Beobachten Sie deshalb aus einer hergestellten Distanz, was Sie denken und was Sie dann fühlen. Wenn Ihnen die aufkommenden Gefühle nicht gut tun, fragen Sie sich, warum Sie das denken. Können Sie nicht etwas anderes denken?[145] Unser *Körper* ist immer im Hier und Jetzt. Unsere Gedanken sind häufig in der Vergangenheit und Zukunft (zu ca. >80%). Die damit verbundenen Gefühle werden automatisch wieder erweckt. Das kann sowohl eine wirksame Anleitung zum Unglücklich-Sein als auch für ein glücklicheres Leben sein. Es kommt darauf an, wie man es verarbeitet und fördert. Lässt man die bedrückenden Gedanken unbeeinflusst zu, folgen Angst, Selbstzweifel, Vorwürfe und Stimmungsverschlechterung. Alles wendet sich ins Negative.

TIPP
Wie entkommen Sie den negativen Denkschleifen? – Das gelingt, indem Sie Ihre Gedanken beobachten, überprüfen und relativieren. Es gibt immer eine andere, erträglichere Seite. Verändern Sie ihre Gedanken.[146]

1. Beispiel: *Der Chef hat mich nicht angesehen.*
Alternative: *Häufig sieht er andere auch nicht an. Gestern hat er mich aber angesprochen.*

---

[145] Hören Sie dazu YouTube: Schon die Kosten sind verbrecherisch, zweiter Teil Ganser. nach E. Drewermann
[146] Sinngemäß Stefan Klein: *Die Glücksformel*, Reinbeck, 2002, S. 217

2. Beispiel:	Er kommt mit mir nicht gut klar.
Alternative:	Bis jetzt hat er das aber nicht gesagt. Außerdem kann er ja auch nicht mit jedem gleichgut auskommen.
	Ich muss auch nicht mit jedem befreundet sein.

Wenn Ihnen das schon gut gelingt, machen Sie regelmäßig Übungen zum HIER und JETZT auch mit Gegenständen oder der Natur. Nehmen Sie z.B. während des Essens eine Frucht in die Hand.

Betrachten Sie sie völlig bewusst einige Zeit von allen Seiten,
sprechen Sie nicht und riechen Sie daran,
fühlen Sie die Konsistenz und
beißen Sie erst dann vorsichtig hinein und
erleben mit allen Sinnen, was dann passiert.
Vermutlich ist das etwas völlig Anderes und ungewohnt.

Es ist klar, dass es ohne gründliche Arbeit und einige Mühe nicht geht. Erhebliche Verbesserungen sind aber möglich[147]. Schon kleinste Veränderungen werden eine positive Spirale in Gang setzen. *Wir fühlen, was wir denken (und denken, was wir fühlen).* Es macht keinen Sinn, sich selbst zu belasten, zu quälen und letztlich unglücklich oder krank zu machen und auch noch einen negativen Einfluss auf unsere Kinder oder Mitmenschen auszuüben. Dennoch haben wir Menschen eine starke Neigung dazu.

Wenn wir die Wahl haben, uns mit negativen oder positiven Dingen zu beschäftigen, wählen wir nahezu automatisch die negativen, weil diese für uns gefährlich oder nachteilig sind. Im Sinne der übergeordneten Regel der Genfitness ist es sehr viel wirksamer, sich mit den negativen Dingen zu beschäftigen, sie zu bearbeiten und möglichst aus der Welt zu schaffen. Das ist sinnvoll. Es bedeutet aber leider: *Wir sollen nicht glücklich sein, sondern unser Leben meistern, um unsere Gene besser weitergeben zu können.* Wenn wir von der Natur ausgehen, dann *sind wir nicht auf dieser Welt, um glücklich zu sein.* Trotzdem sollten wir uns ermutigt fühlen, uns regelmäßig auf positive Dinge zu konzentrieren.

Buddhisten empfehlen zusätzlich, dankbar zu sein. Eine Empfehlung lautet, sich mehrmals täglich zu überlegen, warum man aktuell Dankbarkeit empfinden könnte. Das verbessert die Befindlichkeit, verursacht Freude auch bei anderen, verbessert Beziehungen und macht den Weg frei für

---

[147] Genaueres siehe 2016 BoD: *Anna dreht sich nicht um* (auf dem Weg vom Haben zum Sein) oder *Glück finden*

eine liebevolle und großzügige Haltung.[148] Diese wiederum ist eine Voraussetzung für Mitgefühl und Empathie. *„Wenn wir Freude nur für uns selbst suchen, dann erkennen wir bald, dass es sehr kurzsichtig ist und nicht lange anhält. Freude ist eigentlich eine Belohnung dafür, dass wir anderen Freude schenken. Wenn wir Mitgefühl zeigen, wenn wir uns um andere kümmern, wenn wir ihnen Liebe entgegenbringen und ihnen helfen, dann erfüllt uns das auf wunderbare Weise mit einer tiefen Freude, die wir anders nicht erlangen können.“*[149] Man kann das leicht bestätigt finden. Schauen wir uns beispielsweise die freiwilligen Helfer bei Natur-katastrophen an - wie zufrieden, stolz und glücklich sie trotz teilweise übermenschlicher Anstrengung sind. Man kann es auch selbst spüren, indem man Ehrenämter übernimmt oder anderweitig hilft.

Stress durch Relativierung reduzieren
Es gibt einige ‚Zaubersätze', die genau an der richtigen Stelle eingefügt werden müssen, die dann den Stress erheblich reduzieren:

Wenn ich hochgehe, schade ich in erster Linie mir selbst!
Was ist im Moment gefährdet?
Bestehen Gefahren für meine Gesundheit, für mein Leben?
Stopp, das bringt nichts!
Ist doch klar, dass dich das hier jetzt stresst!

Wenn Sie nur einen dieser Sätze unmittelbar zu Beginn einer potentiell stressigen Situation denken, wird Ihre Organreaktion unglaublich viel geringer ausfallen. Das kann man auch messen.

TIPP
Machen Sie sich eine Karteikarte, auf der Sie Ihre persönlichen ‚Zaubersätze' notieren und klemmen Sie sie auf Ihren Lenker im Auto oder ans Telefon. Hauptsache ist, Sie machen es.

Bei wohltuenden Emotionen verstärkt sich zusätzlich die positive Wirkung, wenn Sie bewusst wahrnehmen, dass Ihnen etwas guttut. Sie bleiben etwas länger in der Situation, und das Gedächtnis erinnert sich später leichter daran. Sie verbessern mit diesen Arbeitsschritten Ihre Befindlichkeit und langfristig auch Ihre Gesundheit. Wenn Sie das alles schon gut hinbekommen, können Sie einen weiteren Schritt zu mehr Glück und Gelassenheit gehen. Das wird auch auf andere wirken und einen kleinen Teil der Gesellschaft positiv verändern. Es genügt dabei nicht,

---

[148] Dalai LAMA & Desmond Tutu: *Das Buch der Freude*, 2016, S. 242
[149] Desmond Tutu, S. 311

glücklich zu sein. Man muss sein Glück auch wahrnehmen, pflegen und vermehren.[150]

Wir vernachlässigen sehr oft unsere angenehmen Empfindungen. Das hat biologisch gesehen einen vernünftigen Grund, wie wir ja schon wissen. Wenn zum Beispiel ein positiver und ein negativer Gedanke gleichzeitig auftauchen, was ja recht oft vorkommt, werden wir uns zuerst mit dem negativen beschäftigen. Denn dieser negative Gedanke enthält in der Regel für uns nachteilige oder gefährliche Dinge, die es vorrangig zu bearbeiten gilt. Deshalb macht es Sinn, unser Leben möglichst schadlos zu meistern. Praktisch heißt das, dass wir selbst dafür sorgen müssen.

Kosten Sie deshalb ihre positiven Gefühle aus, machen Sie sich ganz deutlich klar, wenn Sie etwas Schönes erleben. Suchen Sie vermehrt solche Situationen auf und tun Sie etwas, um Ihre persönliche Wahrnehmungsbilanz zu Gunsten positiver Empfindungen zu verschieben. Es wird sich lohnen. Ohne dass Sie mehr Geld zur Verfügung haben, ohne dass Ihre Umwelt sich verändert, werden Sie selbst nach und nach zufriedener und glücklicher. Möglicherweise werden Sie auf andere Menschen einen nachahmenswerten Eindruck machen und so auch einen Beitrag für eine verbesserte Gesellschaft leisten.

Das ist <u>kein</u> billiger Trick. Sie machen sich dabei nichts vor, Sie nehmen nur die Realität vernünftiger wahr. Bedenken Sie, Primaten können sich nicht über eine Blume oder über einen Sonnenuntergang freuen. Wir haben vermutlich als einzige Lebewesen auf dem Planeten die Fähigkeit, den Vorrang der »gefährlichen« und »bedrohenden« Reize abzuschwächen und uns ganz bewusst für Glück und Dankbarkeit zu entscheiden. Wer religiös ist, kann sich auch fragen, ob diese schöne Gabe nicht einen Sinn hat und eine Art *Verpflichtung* für eine konstruktive Nutzung enthält.

TIPP
Wenn Sie das nächste Mal spazieren gehen, nehmen Sie sich vor, für circa zehn Minuten nicht zu reden, sondern nur Positives wahrzunehmen und einen kleinen Moment dabei zu verweilen. Sie werden erstaunt sein, wie gut Ihre Stimmung danach sein wird. Das wirkt dann auch auf Ihre Mitmenschen. Umgekehrt können Sie sich auch von den positiven Wahrnehmungen anderer anstecken lassen.[151]

---

¹⁵⁰ Ebenda, S. 475–480. Sinngemäß auch Matthieu Ricard: *Glück,* München 2007
¹⁵¹ Das ist auch eine schöne Übung für Kinder oder Enkel.

Es geht darum zu lernen, wie wir das innere Erleben und unsere Handlungen angemessen steuern können. Ziel ist ein erhöhtes Gewahrwerden (Achtsamkeit) für das Entstehen von Gedanken, Emotionen und Handlungsimpulsen (zum Beispiel = A-B-C-Modell). So wird eine fruchtbringendere »Weiterverarbeitung« möglich, zum Beispiel durch Unterdrückung der automatisch auftauchenden Bewertung, durch eine Relativierung der Situation unter Erkennen der möglichen Beweggründe anderer Akteure. Das alles wird Spaß machen und Zufriedenheit auslösen.

Gelassener werden

Wenn Sie aufhören, alles zu bewerten, werden Sie sichtbar gelassener. Registrieren Sie möglichst nüchtern, was passiert, nehmen Sie zur Kenntnis, wie sie emotional darauf reagieren, aber bewerten Sie das Verhalten und / oder die Person nicht. Es gibt natürlich Gründe für das Verhalten, doch die haben meistens gar nichts mit Ihnen persönlich zu tun. Warten Sie, beobachten Sie und führen Sie einen inneren Dialog über Ihre verschiedenen emotionalen Reaktionen.

TIPP

Versuchen Sie jeden Tag mindestens einen aufkommenden Gedanken sofort zu erfassen. Beobachten Sie für einen kurzen Moment, wie er sich bildet und präsent wird, sich strukturiert und abbildet, welche Bilder und Gefühle er auslöst. Versuchen Sie, die aufkommende Bewertung auf jeden Fall zu stoppen. Gelingt Ihnen das nach einiger Zeit schon recht gut, relativieren Sie mindestens eine Situation pro Tag: »So ist es jetzt in mir. Was geht in dem anderen vor? Was empfindet der gerade? Wie sieht er wohl die Situation? Was ist ihm wichtig? Was braucht der im Moment? «

Damit nehmen Sie eine große Hürde. Der weitere Weg wird unendlich viel leichter werden und sich verselbstständigen. Sie werden jetzt vielleicht einwenden: *»Manche Emotionen sind so stark, kommen so schnell, dass sie mich förmlich überschwemmen. «* Das trifft natürlich für viele Personen so zu. Es geht hier um eine Kunstfertigkeit, die leider lange eingeübt werden muss. Vergleichen Sie es bitte einmal mit einem Feuerwehrmann, der den Auftrag hat, ein sehr brandgefährdetes Waldgebiet zu bewachen. Was wird er tun? - Er wird sehr wachsam sein und Wasser zum Löschen bereithalten. Denn der <u>erste</u> Funken ist es, der die Katastrophe auslösen wird. Was tut er also? - Er wartet mit extrem großer Wachsamkeit auf den ersten Funken, den er dann sofort löschen kann. Im Ergebnis verhindert er damit eine Katastrophe. Aufmerksamkeit über einen längeren Zeitraum hinweg sowie echte Anstrengung sind leider notwendig.[152]

Genauso verhält es sich mit Gedanken und Gefühlen. Das <u>erste Aufkommen</u> muss beobachtet, festgestellt und nüchtern konstatiert werden, ohne zu bewerten. Das verhindert Wut, Aufregung und Stress in erheblichem Maße. Gleichzeitig ist dies eine wichtige Voraussetzung für gewaltfreie Kommunikation. Nur wenn Sie wirklich nüchtern konstatieren können, können Sie auch die Bewertung verhindern und angriffsfrei kommunizieren.

TIPP
Empfinden Sie es als zu anstrengend, ständig aufmerksam zu sein, so überlegen Sie einmal, ob es Ihnen für bestimmte Zeitperioden am Tag möglich ist, beispielsweise immer von 10 – 12 Uhr oder erst einmal nur für eine Stunde täglich. Sie können sicher sein, dass man bei einem solchen Verhalten erheblich bessere Werte für Hormone, Blutdruck, Hautwiderstandsbeiwerte und Atemfrequenz messen kann.

Nach Verbesserung strebend, wird jede Änderung, gleichgültig in welchen Bereich, auch in anderen Bereichen zu einem bestimmten Maß an Veränderung und harmonischer Anpassung führen und letztlich zu mehr Gesundheit führen. Sofern Sie die beschriebenen Vorschläge beherzigen, wird das Ihre Haltung ändern, Ihre Beziehungen und Ihre Abhängigkeit von der Meinung anderer verringern, ebenso Ihre Wünsche und Konsumideen. Die neue Synthese kann für Sie eine neue Stufe der Einsicht, eine andere Dimension des Reifegrades sein und als solche freudig wahrgenommen werden. Schon allein deshalb ist es ein lohnendes Vorhaben.

Zukunftsaussichten
An einigen Stellen hatte ich Ihnen nahegelegt und Sie eingeladen, einen ersten Schritt zu unternehmen. Das haben Sie jetzt schon mehr oder weniger getan. Möglicherweise haben Sie es nicht bemerkt oder beabsichtigt. Eine Änderung des Wissens und der Gedanken hat auch eine Veränderung der Wahrnehmung, der Einstellungen und Empfindungen zur Folge. Eine Bewegung hat sich ergeben und ein anderer Weg ist eingeschlagen. Wenn Sie das Buch bis zu dieser Stelle gelesen haben, unterscheiden Sie sich von anderen dadurch, dass Ihnen das Thema bekannt ist und Sie vielfältige Informationen darüber haben. Sie können

---

[152] Es gibt noch viele weitere Möglichkeiten, zum Beispiel geschildert bei Matthieu Ricard: *Glück*, München 2007 (Ausrichtung auf Gegensatz, Befreiung, Transformation)

119

Dinge sehen und bemerken, die für andere unbekannt und gleichgültig sind. Ihre Wahrnehmung und Empfindung werden sich weiter verfeinert und verändert haben. Ihre Aufmerksamkeit sollte jetzt diesen kleinen Veränderungen gelten. Sie sollten sie liebevoll und dankbar betrachten und pflegen, damit sich weitere Schritte einstellen.

Ich habe Ihnen bisher eine Vielzahl von Vorschlägen beschrieben. Das sind einige Beispiele:

- **eine andere Haltung einnehmen**
- **sich selbst ausreichend erkennen**
- **ein gutes Modell abgeben**
- **die innere »Reizverarbeitung« verändern**
- **sich neue Verarbeitungskompetenzen aneignen**
- **Stressbewältigung perfektionieren**
- **Kommunikation verbessern**
- **soziale Kompetenzen erweitern**
- **weniger oder gar nicht mehr bewerten**
- **nicht mehr allen Nachrichten glauben**
- **mit anderen über Gewaltfreiheit sprechen**
- **Verallgemeinerungen und Feindbildern widersprechen**

Jeden einzelnen dieser Vorschläge halte ich für geeignet und hinreichend wirksam, um entscheidende Veränderungen zu bewirken. Es ist deshalb ratsam, die Teilschritte nicht zu unterschätzen und nicht alles auf einmal zu versuchen. Werden die dahinterstehenden Kompetenzen wirklich intensiv in guter Qualität erworben und erprobt, dann stellen sie irgendwann einen integralen Bestandteil der Persönlichkeit dar. Jeder, der sich in die möglichen Veränderungen hineinversetzen kann, hat grundsätzlich genug Weisheit, das Richtige daraus mitzunehmen. Man muss es nur wollen und tatsächlich tun.

Einige Inhalte kann man allein erwerben und in kleinen Schritten im Alltag perfektionieren, wie zum Beispiel Stressbewältigungsmethoden. Andere dagegen, wie eine Veränderung der Kommunikation, sollten im Selbststudium, besser in Lerngruppen und geeigneten Seminaren[153] erworben werden. Sie stellen keine eigentlichen Techniken dar, sondern umfassen auch veränderte Einstellungen und Werte. Deswegen benötigen sie sehr viel mehr Sorgfalt und Beachtung.

---

[153] Nicht jedes Seminar ist geeignet, deshalb Fachleute fragen

Lernhilfe nutzen und richtig planen

Um auf diesem Wege erfolgreich zu sein, sollte das Lernen aus zwei Richtungen geplant werden. **Motivation**, ein Lernziel zu erreichen, und der **Wille**, das auch wirklich zu machen, »können als zwei parallel operierende Systeme verstanden werden. «[154] Der erste Strang besteht in der Planung und Klärung der Ziele und Einzelschritte, der zweite im Management der sicher auftretenden Widerstände und Schwierigkeiten. Sie wissen genau, dass im Alltagsbetrieb Hunderte von Handlungsbarrieren und Entschuldigungen warten, um genau die Dinge zu verhindern, die sie wollten. Daher sollten Sie zur Bearbeitung eigener Ziele die Schriftform wählen. Nehmen Sie sich bitte ein Blatt Papier und versuchen Sie, die Einzelschritte festzulegen. Anschließend kann das Blatt für Sie sichtbar aufgehängt werden.

1. Schritt

Suchen Sie aus und legen fest, was Sie als erstes anpacken wollen. Hier nehmen wir als Beispiel das schwierige, aber sehr lohnende Vorhaben[155] **in der Zukunft weniger zu bewerten.** Dafür muss zunächst ein Lernziel her, zum Beispiel: Ich bemerke es, wenn ich bewerte und stoppe mich mit dem Satz: *»Stopp, du bewertest! «*

2. Schritt

Zielkonflikte sollten beseitigt werden: Gibt es Ziele, die ich habe, die diesem Vorhaben entgegenstehen? Zum Beispiel: *»Ja, ich bin bei Beurteilungen von Mitarbeitern verpflichtet zu bewerten. Und manchmal ertappe ich mich dabei, dass ich das auch will. Ich habe dann so viel Druck und Frust und muss es einfach machen, obwohl es vermutlich ungünstig ist. Mir ist schon klar, dass ich mich nur kurzfristig besser fühle und der andere dann für mich abgewertet ist. «* Etwas Ähnliches müsste auch bei Lehrern passieren, wenn sie Arbeiten nachsehen und Zensuren geben.

3. Schritt

Welches Ziel ist wichtiger? Behindern sich die Ziele gegenseitig? Gibt es Bereiche, in denen es zurzeit nicht geht? Möglicherweise gibt es berufliche Zwänge die es schwierig machen oder sogar ganz verhindern, z.B. bei Lehrern, Richtern oder Gutachtern. Diese Pflichten können natürlich ausgeklammert werden. Es verbleibt ja noch der größere Rest außerhalb dieser beruflichen Pflichten. Grundsätzlich ist es nützlich, die Ziele

---

[154] Hugo M. Kehr: *Motivation und Volition.* Funktionsanalysen, Feldstudien mit Führungskräften und Entwicklung eines Selbstmanagement-Trainings (SMT), Göttingen / Bern / Toronto 2004, S. 245

[155] Die Schritte sind angelehnt an das Selbstmanagement-Training von Hugo Kehr, Skizze S. 241

abzustufen. Eine weitere Lösung könnte darin liegen, die Ziele zu ergänzen.

a) *Ich bemerke, wenn ich bewerte. Ich stoppe mich mit dem Satz: »Stopp, du bewertest! «*
b) Bevor ich eine Beurteilung oder Zensuren schreibe, mache ich mir klar, dass es sich jetzt um eine »legale« Ausnahme handelt, die so vereinbart war.
c) Ich nehme wahr, wenn ich mich innerlich gezwungen sehe, andere zu bewerten und sage mir: *»Für eine Übergangszeit brauche ich das noch.«*

4. Schritt

Warum will ich das erlernen? Welche Vorteile wird es bringen?

»Mir selbst wird es dann erheblich besser gehen, die aktuellen Beziehungen werden eine konfliktärmere Qualität bekommen. Die Menschen in meinem Umkreis können, wie auch ich selbst, wachsen und sich weiterentwickeln. Dafür wird es sich lohnen (und so weiter).«

5. Schritt

Welche Art des Lernens fällt mir leicht?

Etwas, was ich häufig anwende, lerne ich am besten. Lösungsansatz: Ich weihe meinen besten Freund auf der Arbeitsstelle (oder meinen Lebenspartner) ein und bitte ihn, mir bei jeder Gelegenheit Rückmeldung zu geben, zum Beispiel durch Hochhalten des Zeigefingers. Das bedeutet dann: *»Du bewertest. «* Oder: *»Hier hättest du aktiv zuhören können.«* Andere Anwesende bekommen das nicht mit. Noch besser ist es, Positives zu verstärken: *»Hier hast du gerade aktiv zugehört. «*

6. *Schritt*

Welche Widerstände und Lernprobleme werden mir begegnen? *»Ich weiß, dass ich es häufig vergessen werde, auch wird es mir manchmal weniger wichtig sein als gerade in diesem Moment. »* Das alles ist völlig normal, Lösungsmöglichkeiten gibt es trotzdem, zum Beispiel:

7. Schritt

Kontrolle einbauen! Jeden Abend vor der Tagesschau betrachte ich den Tag für ein paar Minuten mit den Fragen: *»Wie oft habe ich eine Situation gehabt, in der ich bewusst nicht bewertet oder die Bewertung abgebrochen habe?"* Legen Sie sich selbst jeden Tag Rechenschaft ab, ehe Sie möglicherweise selbst von anderen zur Rechenschaft gezogen werden. *»Ich werde das Verhalten anderer beobachten, registrieren, aber nicht bewerten! Ab jetzt beginne ich jede Dienstbesprechung damit, zuvor für wenige Minuten mich einzustimmen, mir meine Lernziele nochmals klar zu* *machen und passe die ganze Veranstaltungszeit genau auf, mache mir Notizen und registriere schriftlich die Bewertungen andere Teilnehmer, ohne sie selbst zu bewerten.»*

8. Schritt

Schritte verkleinern! Ich suche mir jeden Tag vorher eine Situation aus, bei der ich mich mit allen Energien kontrollieren und nicht bewerten werde. Anschließend ziehe ich ein Resümee. Den Rest des Tages lasse ich wie gewöhnlich verlaufen und beobachte nur.

Das alles soll nur ein Beispiel sein für die Möglichkeit, Vorsätze zu haben und strukturiert vorzugehen. Die gleiche Vorgehensweise eignet sich für alle anderen vorgestellten Vorschläge. Ich möchte Ihnen dringend ans Herz legen, anfangs auf jeden Fall schriftlich zu arbeiten. Ein gewisser Schwund ist dann immer noch zu erwarten. Sich solche Wahrnehmungs- und Verhaltensänderungen nur zwischendurch vorzunehmen, ist zwar normal und üblich, aber ungünstig. Aus meiner langjährigen beruflichen Erfahrung weiß ich, dass das nicht funktionieren wird, weil es zu viele »Gegenstimmen« im Inneren gibt, die das zu verhindern suchen.

Disziplin ist die Basis für Erfolg

Machen Sie einen Plan, und fangen Sie an… Erich Fromm sagt dazu: *„Ich werde es nie zu etwas bringen, wenn ich nicht diszipliniert vorgehe. Tue ich nur dann etwas, wenn ich gerade »in Stimmung« bin, so kann das für mich ein nettes oder unterhaltsames Hobby sein, doch niemals werde ich in dieser Kunst ein Meister werden. Aber es geht nicht nur um die Disziplin bei der Ausübung einer bestimmten Kunst (zum Beispiel darum, sich jeden Tag einige Stunden lang darin zu üben), sondern man sollte sich in seinem gesamten Leben um Disziplin bemühen. Man sollte meinen, für den modernen Menschen sei nichts leichter zu lernen als Disziplin. Verbringt er nicht täglich acht Stunden auf denkbar disziplinierte Weise bei seinem Job, den er nach einer strengen Routine erledigt?*

„Tatsächlich jedoch zeigt der moderne Mensch außerhalb der Sphäre seiner Berufsarbeit nur äußerst wenig Selbstdisziplin. Wenn er nicht arbeitet, möchte er faulenzen und sich herum räkeln oder – etwas netter ausgedrückt – sich »entspannen.“ Dass man faulenzen möchte, ist aber großenteils nichts anderes als eine Reaktion darauf, dass unser Leben durch und durch zur Routine geworden ist. Eben weil der Mensch sich acht Stunden am Tag gezwungen sieht, seine Energie auf Zwecke zu verwenden, die nicht seine eigenen sind, bei einer Arbeitsweise, die er sich nicht selbst aussuchen kann, sondern die ihm vom Arbeitsrhythmus vorgeschrieben wird, begehrt er auf, und sein Aufbegehren nimmt die Form eines kindlichen Sichgehenlassens an.

Außerdem ist er im Kampf gegen autoritäre Systeme misstrauisch geworden gegen jede Art von Disziplin, ganz gleich, ob sie ihm von einer irrationalen Autorität aufgezwungen wird oder ob er sie sich vernünftigerweise selbst auferlegen sollte. Ohne Disziplin aber wird das Leben zersplittert und chaotisch, und es fehlt ihm an Konzentration."

„Dass die Konzentration eine unumgängliche Vorbedingung für die Meisterschaft in einer Kunst ist, bedarf kaum eines Beweises. Jeder, der jemals eine Kunst zu erlernen versuchte, weiß das. Trotzdem ist aber die Konzentration in unserer Kultur sogar noch seltener als die Selbstdisziplin. Sie muss so organisiert werden, dass die soziale, liebevolle Seite des Menschen nicht von seiner gesellschaftlichen Existenz getrennt, sondern mit ihr eins wird. Wenn das, was ich zu zeigen versuchte, zutrifft – dass nämlich die Liebe die einzig vernünftige und befriedigende Lösung des Problems der menschlichen Existenz darstellt, dann muss jede Gesellschaft, welche die Entwicklung der Liebe so gut wie unmöglich macht, auf die Dauer an ihrem Widerspruch zu den grundlegenden Bedürfnissen der menschlichen Natur zugrunde gehen."[156]

Gott sei Dank hoffen wir alle noch und können noch etwas verändern. Wenn wir die Welt ein wenig besser verlassen, als wir sie vorgefunden haben, ist vieles erreicht. Ihnen, liebe Leserin und lieber Leser sei an dieser Stelle noch einmal herzlich gedankt,
…für Ihre Aufmerksamkeit
…für Ihr Interesse
…für Ihre Bereitschaft, sich auf Neues einzulassen und
…für Ihre Motivation, etwas zum Besseren zu verändern.
Sollten Sie die Inhalte überzeugt haben und sie für wichtig erachten, so wäre ein kurzer Kommentar bei Ihrem Internethändler oder das Verschenken dieses Buches für die Ideenverbreitung sehr hilfreich. Wenn Sie sich noch einmal an die Normalverteilung erinnern und daran denken, dass es ausreichend Menschen geben *muss*, die sich schon mit menschengerechteren Systemen beschäftigen, so lesen Sie bitte zur Absicherung und Bestätigung einige Texte aus gängiger Literatur von solchen Zeitgenossen. Möglicherweise gibt es ja doch ein „richtiges" Leben im „falschen" und wir können zusammen mit *anderen* etwas Gutes und Richtiges erreichen[157].

Für Ihre persönliche Zukunft und Ihre Bemühungen wünsche ich Ihnen und uns **viel Erfolg!**

---

[156] Erich Fromm: *Die Kunst des Liebens*, S. 121
[157] Gegenteilige Auffassung in *Dialektik der Aufklärung (M. Horkheimer; T.W. Adorno)*

6. Teil
Verstärkende Gedanken von Zeitgenossen & ausgewählte Literaturtipps

Prägnante Zitate können die Gedanken anregen und gute Begleiter auf dem Weg zu Veränderungen sein. Die Veröffentlichungen hierzu sind vielfältig, deshalb kann die folgende Zusammenstellung nur beispielhaft sein und möchte dazu ermuntern, die kompletten Originaltexte, denen sie entnommen sind, einmal zu lesen.

„Während wir es uns gut gehen lassen, untergraben wir systematisch die Grundlagen für das Wohlergehen von morgen. Während wir uns um unser eigenes Wohlergehen kümmern, gefährden wir die Chancen für andere. Wir laufen tatsächlich Gefahr, jegliche Hoffnung auf dauerhaften Wohlstand für alle zu verspielen."[158]

»Keine der ältesten Sozialformen hatte eine Machtausstattung, die der unseren vergleichbar war. Keine bedurfte so zwingend der Vernunft, das heißt, entwickelter Ichleistung bei jedermann.« .. *„Wir müssen eine weitgehende Freiheit von unnötigen psychischen Belastungen und Stress erreichen, wir müssen vermeiden, abbauen, umbewerten und bewältigen."*[159]

»Das Ich beschreiben wir als die Leistungsnorm, die es uns erlaubt, uns in der Fremdheit – und das bezieht sich zunehmend auf ein Leben unter fremden Menschen – zu orientieren. Die Entfaltung von Ich-Kräften war für die herrschende Schicht immer ein stärkeres Erfordernis als für die große Menge; sie geschah auf Kosten der Massen. Heute brauchen die Massenmenschen selbst ein Orientierungsvermögen statt blinder oder fatalistischer Gefolgstreue an die ›Imagines‹ von Vätern, die nach der Struktur der Gesellschaft gar nicht mehr die ordnende ›Potestas‹ haben können, die ihnen die konservative Fantasie zuschreiben will. Das Ich ist nicht nur unersetzliche Kraft, welche die Triebkräfte bändigen muss, nachdem sie den Verhaltensritualen der vorindustriellen Epochen entwachsen sind; es muss sich mit seiner hemmenden Vernunft zwischen die verfügbar gewordenen Energiequellen und ihre Nutzung durch die primären Triebwünsche stellen.«[160]

---

[158] 2017, T. Jackson: Wohlstand ohne Wachstum, S. 35
[159] Nachlesen bei zum Beispiel Frederic Vester: *Überleben im Stress*
[160] A. Mitscherlich: *Auf dem Weg zur vaterlosen Gesellschaft*, S. 166

»Das aber setzt eine Kultur der Erziehung zur Selbstständigkeit voraus; wobei wir Selbstständigkeit auch darin sehen, sich in den anderen einfühlen zu können, statt ihn vorwiegend an seinen Rollenattributen zu erkennen und nur als Auslöser eigenen affektiven Verhaltens zu sehen.«[161]

»Aus unseren Überlegungen folgern wir deshalb die Notwendigkeit, einen Erziehungsstil zu entwickeln, der sich schon in den frühesten Entwicklungsschritten des Menschen seiner ›Ich-Bedürfnisse‹ annimmt. Dies ist der Erkenntnisbeitrag, den die Psychoanalyse zur Lehre vom Menschen geleistet hat; wir haben mit der Stärke der Triebregungen und der Art, wie sie ans Ziel zu kommen trachten, als einer überhistorischen Macht zu rechnen und deshalb die Notwendigkeit sozialer Zwänge, welche ein Leben in der Gruppe erst möglich machen, anzuerkennen. Worum es geht, ist, welche Art von Sozialzwängen den Triebzwängen entgegengestellt wird. Dabei stehen weniger Ausmaß und Inhalt dieser Sozialzwänge zur Debatte als vielmehr das Maß von Einsicht, an das sie geknüpft sind und dessen Entwicklung sie trotz Zwang zulassen. Sollen es äußere Zwänge bleiben, von der Art der Lohn-Strafe-Dressate, sollen es innere Zwänge bleiben, die im Über-Ich spiegelbildlich diese ›Dressate‹ fortsetzen, oder soll der Zwang der Einsicht, also die Bewältigung der sinngebenden Entscheidungen durch Ichleistungen das Ziel sein?

Wir verstehen die letztere Entwicklung als die historische Herausforderung, welche die Evolution zum Bewusstsein nach sich zieht. Von hier aus betrachtet sind viele unserer überkommenen Orientierungsschemata des Verhaltens unzeitgemäß geworden. Die soziale Wirklichkeit ist anders als die ideologisch gefärbten Bilder, die uns von ihr angeboten werden. Sie stammen aus einer Vergangenheit, die so vergangen ist, dass die Berufung auf sie nicht mehr einer Klärung der Gegenwart förderlich ist, sondern einem angstvollen Abwehrvorgang gegen die Wirklichkeit gleichkommt. Die rasch und nach unvorhersehbaren Richtungen verlaufenden Erfindungs-, Machtverschiebungs- und sozialen Umordnungs-vorgänge sind angsterregend. Ebenso angsterregend sind, das Verblassen eindeutiger Rollenvorbilder und die chaotisch anmutende Wirkung unvereinbarer Introjekte. Die Stätte der Angst, sagt Freud, ist das Ich. Es muss sehr stark sein, um diesen Angstquellen gewachsen zu bleiben. Das aber bleibt die einzige Hoffnung in einer entfesselten Zeit. «[162]

»Die Möglichkeit, überlegenes Wissen, hervorragende Leistung nicht in untergründiger Verbindung mit alten Phantasiegehalten verknüpfen zu müssen, sondern aus der aktuellen Situation begreifen und daneben

---

[161]Ebenda, S. 283
[162] Ebenda

126

einkalkulieren zu können, dass der in einer bestimmten Aufgabe Überlegene nicht überall überlegen sein kann, nicht blinde Anerkennung fordern darf, nicht zuletzt, dass auch der Unterlegene in der sozial untergeordneten Rolle eine der Rücksichtnahme würdige Erscheinung bleibt – diese relative Erniedrigung der Autorität ist alles andere als respektlose Nivellierung. Zwei Entwicklungen haben zusammengewirkt: der Evolutionsschritt einer Lockerung der triebhaften Bindungen an die Objekte und der weitere Schritt der Reifung, in dem die kindlichen Vorbildfiguren nicht unzulänglich im Über-Ich weiter wirkend belassen, sondern vom kritischen, einsichtigen Ich der Prüfung unterworfen werden. Das hat nicht nur Freiheit von diesen alten Fesseln, sondern ebenso die Notwendigkeit gebracht, angemessene neue soziale Formen und Verpflichtungen zu finden.« [163]

»Der Mensch kann sich vor den Folgen seines eigenen Irrsinns nur schützen, indem er eine seelisch gesunde Gesellschaft ins Leben ruft, die den Bedürfnissen des Menschen entspricht, wie sie sich aus den Bedingungen seiner Existenz ergeben. Eine Gesellschaft, in der der Mensch sich liebend mit dem Menschen verbindet, in der er in den Banden der Brüderlichkeit und der Solidarität wurzelt, anstatt in den Bindungen an Blut und Boden; eine Gesellschaft, die ihm die Möglichkeit gibt, durch schöpferisches Gestalten und nicht durch Zerstörung über die Natur hinauszuwachsen, in der jeder seine Identität im Erlebnis seiner selbst, als dem Subjekt seiner Kräfte erfährt und nicht durch die Anpassung an die Herde.« [164],

»Wirklich ist also keineswegs nur das physikalisch Definierbare und quantitativ Verifizierbare, sondern auch alles Gefühlsmäßige. Die Fähigkeit zu Liebe und Freundschaft mit allen sie begleitenden Gefühlen ist genauso im Laufe der menschlichen Phylogenese entstanden wie die Fähigkeiten, zu messen und zu zählen. Beide Arten von Phänomenen beziehen sich auf dieselbe Wirklichkeit, zu der ein fühlender und erlebender Mitmensch ebenso gehört wie die mess- und zählbaren Dinge.

Darin sehe ich die vielleicht wichtigste Auswirkung der evolutionären Erkenntnistheorie. Im Augenblick, in dem wir verstanden haben, dass Gefühle ebenso gut Meldungen über äußere und innere Wirklichkeiten sind wie Messergebnisse, ändern sich unsere Anschauungen über die Beziehungen, die zwischen dem Wissbaren und dem Unergründlichen bestehen. Vor allem aber verändert sich das Bild, das wir uns von uns selbst, vom Menschen, machen: der Glaube, dass wir nach dem

---

[163] Ebenda, S. 116f
[164] Erich Fromm: *Der moderne Mensch und seine Zukunft*, S. 322

127

endgültigen Ebenbild Gottes geschaffen sind, wird uns gründlich ausgetrieben. Gleichzeitig aber erkennen wir, wie groß und wie wunderbar diese Welt ist, an der wir teilhaben. Eben dies, so schreibt Karl von Frisch, ›führt zu Ehrfurcht vor dem Unbekannten, und wer solchen Gefühlen eine Gestalt gibt, an der er für sein Leben festen Halt findet, der ist auf gutem Wege‹. Mit der Erkenntnis, dass wir voll und ganz von dieser Welt sind, kommt auch die Erkenntnis, dass uns die volle Verantwortung für sie aufgetragen ist. Wir sehen den Menschen nicht wie Jaques Mond als einsamen Fremdling am Rande des Universums und auch nicht wie der transzendentale Idealismus als polaren Widerpart einer grundsätzlich unerkennbaren Welt. Er ist nur ein ephemeres Glied in der Kette des Lebendigen; es besteht Grund zu der Annahme, dass er eine Entwicklungsstufe auf dem Wege zu einem wahrhaft humanen Wesen ist. Noch kann man hoffen, dass dem so sei.«[165]

»Noch besteht Hoffnung, das Schicksal der Menschheit in eine andere Richtung zu lenken. Wenn das geschehen soll, müssen menschliche Moral und menschliche Wertempfindungen den Sieg über schier unwiderstehliche, phylogenetisch programmierte Verhaltenstendenzen des Menschen davontragen. Die Freude am Wachstum des Besitzes ist nicht die einzige Motivation, die uns Menschen ins Verderben treibt. Andere mächtige, instinktive Programme – die Machtgier, das Status-Streben treiben alle in die gleiche Richtung. Die Erkenntnis, dass ein Unternehmen von mäßiger Größe wünschenswert ist, dass Dezentralisierung der Produktionsmittel unbedingt nötig ist, dass das ständig sich beschleunigende Wirtschaftswachstum zum Stillstand gebracht werden muss, hat es verzweifelt schwer, sich gegen das jetzt weltbeherrschende technokratische System durchzusetzen.«[166]

»Ich nehme schon seit langem ein leidenschaftliches Interesse an der Zukunft. Wir leben in einer Welt des Wandels, und es macht mir Vergnügen, die Richtungen zu entdecken, in die wir uns bewegen oder bewegen werden. Ich bin überzeugt, dass wir im Augenblick eine Umwälzungskrise durchmachen, aus der wir und unsere Welt nicht unverändert hervorgehen können. Aber mir gefällt jene Analogie, die sich aus dem Chinesischen herleiten lässt wo ein und derselbe Schriftzug zwei verschiedene Bedeutungen hat: ›Krise‹ und ›Chance‹. Auch ich bin dieser Auffassung – dass die sehr schwierigen Krisen von morgen ebenso große Chancen für uns darstellen.«[167]

---

[165] Konrad Lorenz: *Der Abbau des Menschlichen*, 1981, S. 280, S. 281

[166] Konrad Lorenz: *Der Abbau des Menschlichen*, 1981, S. 168

[167] Carl C. Roger: *Der neue Mensch*, 1980, sinngemäß auch: Entwicklung der Persönlichkeit, 1961

»Wer wird imstande sein, in dieser völlig fremden Welt zu leben? Ich glaube, es werden Menschen sein, die jung sind an Geist und Seele – und das bedeutet oft auch körperlich jung. Da unsere Jugend in einer Welt heranwächst, in der sie von den Tendenzen und Auffassungen umgeben ist, die ich beschrieben habe, werden viele zu neuen Menschen heranwachsen, die fähig sind, in der Welt von morgen zu leben – und zu ihnen werden sich jene älteren Menschen gesellen, welche die neuen, verändernden Konzepte in sich aufgenommen haben. Nicht alle jungen Menschen, natürlich. Ich höre, dass sich die jungen Leute heute nur für Arbeitsplätze und Sicherheit interessieren, dass sie nicht bereit sind, Risiken einzugehen oder sich für Innovationen einzusetzen, dass viele nichts anderes sind als Konservative, die sich bloß um die »Nummer eins«, sich selbst, kümmern. Das mag so sein, aber es gilt ganz gewiss nicht für die jungen Menschen, mit denen ich in Berührung gekommen bin. Ich bin allerdings sicher, dass manche fortfahren werden, in unserer gegenwärtigen Welt zu leben; viele jedoch werden diese neue Welt von morgen bewohnen.

Woher werden sie kommen? Nach meiner Beobachtung existieren sie bereits. Wo bin ich ihnen begegnet? Ich finde sie unter den Führungskräften der Wirtschaft, die aus dem Rattenrennen im grauen Flanell ausgestiegen sind und auf die Verlockungen von hohen Gehältern und Aktienvorkaufsrechten verzichtet haben, um ein einfacheres, neues Leben zu führen. Ich finde sie unter den jungen Männern und Frauen, die den größten Teil der Werte unserer heutigen Kultur über Bord geworfen haben, um auf neue Weise zu leben. Ich finde sie unter Priestern und Nonnen und Geistlichen, die die Dogmen ihrer Institutionen hinter sich gelassen haben, um auf eine sinnvollere Weise zu leben.

Ich finde sie unter Frauen, die über die Schranken hinausgewachsen sind, welche die Gesellschaft ihrer persönlichen Entwicklung setzt. Ich finde sie unter Schwarzen und Chicanos und anderen Minderheiten, die nach Generationen der Passivität in ein selbstbewusstes, positiv gestaltetes Leben drängen. Ich finde sie unter Leuten, die Erfahrungen in Encounter-Gruppen gemacht haben, die in ihrem Leben sowohl Raum für Gefühle als auch für Gedanken haben. Ich finde sie unter vorzeitigen Schulabgängern, die schöpferisch genug sind, sich in höhere Sphären vorzuwagen, als ihr steriler Unterricht zulässt. Mir ist auch bewusst, dass ich diesem Menschentypus in meinen Jahren als Psychotherapeut begegnet bin, wann immer Klienten eine freiere, erfülltere, durch ihr eigenes Selbst bestimmte Lebensform für sich wählten. Dies sind einige der Zusammenhänge, in denen ich den Menschen begegnet bin, die fähig sein werden, in dieser verwandelten Welt zu leben.«

„Der Mensch .. opfert seine Gesundheit, um Geld zu machen. Dann opfert er sein Geld, um seine Gesundheit wiederzuerlangen. Und dann ist er so ängstlich wegen der Zukunft, dass er die Gegenwart nicht genießt; das Resultat ist, dass er nicht in der Gegenwart lebt; er lebt als würde er nie sterben, und dann stirbt er und hat nie wirklich gelebt."[168]

Die Qualitäten des Menschen in einer neuen Gesellschaftsform
„In meinen Begegnungen mit solchen Menschen habe ich festgestellt, dass sie gewisse Wesenszüge miteinander gemein haben. Vielleicht besitzt kein Einzelner sämtliche dieser Eigenschaften, aber ich glaube, dass die Fähigkeit, in der völlig veränderten Welt von morgen zu leben, durch bestimmte Merkmale gekennzeichnet ist. Ich möchte einige davon kurz beschreiben, so wie ich sie gesehen und erlebt habe.

1. Offenheit
Diese Menschen sind offen für die Welt – die innere wie die äußere. Sie sind offen für Erfahrungen, neue Betrachtungsweisen, neue Weisen zu leben und zu sein, neue Ideen und Konzepte.

2. Verlangen nach Authentizität
Ich stelle fest, dass diese Menschen Kommunikation als ein Mittel schätzen, die Dinge so darzustellen, wie sie sind. Sie lehnen Heuchelei, Betrug und Doppelzüngigkeit, die für unsere Gesellschaft so charakteristisch sind, ab. Sie sind offen in Bezug auf ihre sexuellen Beziehungen, statt ein heimlichtuerisches Dasein oder ein Doppelleben zu führen.

3. Skepsis in Bezug auf Wissenschaft und Technologie
Sie haben ein tiefes Misstrauen gegenüber unserer heutigen Wissenschaft und Technologie, die dazu dienen, die Natur zu unterjochen und die Menschen unter Kontrolle zu halten. Wenn andererseits die Wissenschaft – wie beim Biofeedback – dazu dient, das Selbst-Gewahrsein und die Kontrolle des eigenen Selbst zu steigern, dann sind sie eifrige Befürworter.

4. Verlangen nach Ganzheit

Diese Menschen leben nicht gern in einer segmentierten Welt – aufgeteilt in Körper und Geist, Gesundheit und Krankheit, Intellekt und Gefühl, Wissenschaft und gesunden Menschenverstand, Individuum und Gruppe, normal und verrückt, Arbeit und Spiel. Sie streben vielmehr nach einem

---

[168] Frage an den Dalai Lama, was ihn am meisten am Menschen wundert.

ganzheitlichen Leben, bei dem Gedanken, Gefühle, körperliche Energie,
psychische Energie und heilende Kräfte im Erleben integriert sind.

5. Wunsch nach Nähe
Sie suchen neue Formen der Nähe, der Intimität, des gemeinsamen Zieles.
Sie suchen neue Formen der Kommunikation in einer solchen
Gemeinschaft, sowohl verbal als auch nonverbal, emotional wie
intellektuell.

6. Prozessbewusstsein
Sie sind der Tatsache gewahr, dass die einzige Gewissheit im Leben die
Veränderung ist – dass sie sich ständig in einem Prozess, ständig in
Veränderung befinden. Sie begrüßen diese risikobereite Weise und
erweisen sich in der Art, wie sie dem Wandel begegnen, als unerhört
lebendig.

7. Anteilnahme
Diese Menschen nehmen am anderen Anteil und sind überaus hilfsbereit,
wo echte Not herrscht. Es ist eine unaufdringliche, subtile, nicht
moralistische, nicht urteilende Form der Zuwendung. Den professionellen
»Helfern« misstrauen sie.

8. Einstellung zur Natur

Sie empfinden eine unmittelbare Verbundenheit mit der elementaren Natur
und sind bereit, sie zu schützen. Sie sind ökologisch eingestellt, und es
macht ihnen Vergnügen, sich mit den Kräften der Natur zu verbünden,
nicht diese zu unterwerfen.

9. Ablehnung der Institutionen
Sie haben eine Abneigung gegen überstrukturierte, unflexible,
bürokratische Institutionen. Sie glauben, dass Institutionen für den
Menschen da sein sollten, nicht umgekehrt.

10. Innere Autorität
Sie haben Zutrauen zu ihren eigenen Erfahrungen und empfinden ein
tiefes Misstrauen gegenüber äußeren Autoritäten. Sie fällen ihre eigenen
moralischen Urteile und verstoßen sogar offen gegen Gesetze, die sie für
ungerecht halten.

11. Unwichtigkeit materieller Dinge
Sie sind zutiefst gleichgültig gegenüber materiellen Anreizen und
Belohnungen. Geld und materielle Statussymbole sind nicht ihr Ziel. Sie
können im Überfluss leben, aber er ist in keiner Weise notwendig für sie.

12. Sehnsucht nach dem Spirituellen

Diese Menschen von morgen sind Suchende. Sie möchten einen Sinn und ein Ziel im Leben finden, die größer sind als das Individuum.«[169]

»Mit was soll ich denn anfangen bei den vielen Einladungen und Vorschlägen?« Diese Frage ist praktisch ohne große Bedeutung. Sie werden sich in Ihrer Individualität automatisch zunächst nur von den Dingen angesprochen fühlen, die für Ihre Lebenspläne und Ihre Gefühlslage eine Bedeutung haben. Das ist genau richtig so. Beginnen Sie damit, aber dann bitte ganz und gar, bis auf den Grund durchdacht und nachempfunden und in Ruhe und Disziplin in kleinen und immer größeren Schritten umgesetzt. Der Rest folgt von allein, einmal angefangen wird es fast automatisch weitergehen und immer leichter werden. Versuchen Sie das Zusammenleben im eigenen Wirkungsbereich menschengerechter zu gestalten und nicht mehr auf die Regeln der »Haushühner und Primaten« hereinzufallen.

Es gibt nämlich <u>doch</u> einen Unterschied zwischen dem Verhalten der angesprochenen Tiere und dem Menschen. Die Tiere bleiben *unschuldig* bei ihrem Verhalten, der Mensch <u>nicht</u>, er weiß, was er tut.

Wenn Sie eine Verbesserung wollen, wird das auch möglich sein, egal wie viel Sie verdienen oder welches Los Sie tragen müssen.

Lebe damit, egoistisch zu sein, aber wenn du eine Entscheidung zwischen verschiedenen Möglichkeiten wählst, dann nimm die, von der auch andere einen Nutzen haben. Wenn das alle machen, ist die Welt schon gerettet.

„Was, so mögen Sie nun noch fragen, nützt uns all das schöne Wissen. Die Entwicklungen so vieler einzelner Menschen und deshalb auch der Gesellschaften, die sie bilden, sind inzwischen so fehlgerichtet, dass jeder Versuch einer Kursänderung unabsehbare Folgen hätte. Ist das wirklich so? Die Menschen vor uns haben unendlich viel Zeit damit verbracht, ihre Waffen zu schärfen, Reichtum, Macht und Wissen anzuhäufen. Dabei sind zwangsläufig immer komplexere und immer stärker vernetzte gesellschaftliche Beziehungen entstanden. Solche Systeme brechen nicht plötzlich wie ein Kartenhaus zusammen. Sie lassen sich ganz allmählich und sehr gezielt verändern, indem immer mehr Menschen an all den Stellen, wo ein solches System bedrohlich starr zu werden beginnt, zur Seite treten und einfach einen anderen Weg einschlagen."[170]

---

[169] Carl R. Rogers: *Der neue Mensch*, 1981, S.182–186
[170] 2009, Gerald Hüther, *Biologie der Angst*, S. 115

»Obwohl ich weiß, dass Menschen mit diesen Eigenschaften auf Widerstand treffen werden, erfüllt mich wachsende Zuversicht, dass der neue Mensch nicht nur überleben, sondern sogar ein überaus wichtiges Ferment in unserer Kultur bilden wird. Der Grund für meinen Optimismus liegt in der ständigen, erfolgreichen Weiterentwicklung der verschiedenen Veränderungen im wissenschaftlichen, sozialen und persönlichen Bereich.«[171]

»Der Mensch steht heute vor der entscheidenden Wahl nicht zwischen Kapitalismus und Kommunismus, vielmehr zwischen Robotertum (sowohl von der kapitalistischen als von der kommunistischen Variante) oder einem humanistisch-demokratischen Sozialismus. Die meisten Tatsachen scheinen darauf zu weisen, dass er das Robotertum wählen wird, und das bedeutet auf lange Sicht Pathologie und Zerstörung. Und doch sind alle diese Tatsachen nicht stark genug, um den Glauben an die Möglichkeiten der Vernunft, den guten Willen und die innere Gesundheit des Menschen zu zerstören. Solange wir noch an Alternativen zu denken vermögen, sind wir nicht verloren.

Solange wir miteinander beraten und planen können, dürfen wir hoffen. Aber, wahrhaftig, die Schatten werden länger und die Stimmen des Irrsinns lauter. Die Verwirklichung des Humanismus in einer industriellen Gesellschaft liegt in unserer Reichweite; dennoch sind wir in Gefahr, der Zerstörung aller Zivilisation oder dem Robotertum zu verfallen. Die westliche Welt ist in einer Sackgasse. Sie hat viele ihrer ökonomischen Ziele erreicht und den Sinn für ein Ziel des Lebens verloren. Ohne solch ein Ziel, ohne eine Schau, die die gegebene Realität transzendiert, muss die westliche Gesellschaft, wie jede andere der Vergangenheit, ihre Vitalität und innere Kraft verlieren. Heute sind die Dinge im Sattel und reiten den Menschen. Unsere Zukunft hängt davon ab, ob es dem Menschen – dem ganzen, schöpferischen Menschen gelingt, sich in den Sattel zu setzen.«[172]

»Diese neue Welt wird dann sowohl menschlicher als auch menschenfreundlicher sein. Sie wird die Reichtümer und Fähigkeiten des menschlichen Geistes und der menschlichen Seele erforschen und entwickeln. Sie wird Individuen hervorbringen, die in stärkerem Maße integrierte und »ganze« Personen sind. Es wird eine Welt sein, in der sich der einzelne Mensch das höchste unserer Güter – der höchsten

---

[171] Erich Fromm: *Der neue Mensch*, S. 173, 183–185
[172] Erich Fromm: *Der moderne Mensch und seine Zukunft*, S. 322–323

Wertschätzung erfreut. Es wird eine natürlichere Welt sein, mit einer erneuerten Liebe und Achtung für die Natur.«[173]

„Hier geht es weder um den Umsturz der Gesellschaft noch um die Veränderung der menschlichen Natur. Es geht darum, ganz einfache Schritte hin zu der Wirtschaft von morgen zu gehen. Zu einer Ökonomie, die ihren Zweck erfüllt. Zu einem sinnerfüllten Wohlstand auf einem endlichen Planeten. Ins Zentrum dieser Ökonomie müssen wir eine robustere und realistischere Vision dessen stellen, was es heißt, Mensch zu sein.“[174]

„Wir müssen lernen, als Brüder und Schwestern zusammenzuleben, wenn wir nicht als Narren gemeinsam untergehen wollen.“[175]

---

[173] Ebenda
[174] Tim Jackson, 2017, *Wohlstand ohne Wachstum*
[175] Martin Luther King

Nachfolgend finden Sie eine ausgewählte Übersicht der Literatur, die diesem Buch zugrunde liegt sowie einige Literaturtipps zum vertiefenden Weiterlesen.

Verwendete Literatur
Braungart/McDonough, *2015, Cradle to cradle*

Dalai LAMA & Desmond Tutu, 2016, *Das Buch der Freude*
Doyle Staples, Walter,1999, *Think like a Winner*

Eibl-Eibesfeldt, Irenäus, 1977, *Die Biologie des menschlichen Verhaltens*
Emmott, Stephen, 2013, *Zehn Milliarden*
Eppler Erhard, *1975, Ende oder Wende- von der Machbarkeit des Notwendigen*

Fink, Helmut/Rainer Rosenzweig (Hg) 2013, *Das Tier im Menschen, Triebe, Reize, Reaktionen*

Fromm, Erich, 1960, *Der moderne Mensch und seine Zukunft*
Fromm, Erich, 1976, *Haben oder Sein*
Fromm, Erich, 1977, *Anatomie der menschlichen Destruktivität*
Fromm, Erich, 1980, *Die Kunst des Liebens*

Gordon, Thomas, 1989, *Die Familienkonferenz*
oder Managerkonferenz

Habermas, Jürgen, 1985, *Moralbewusstsein und kommunikatives Handeln*
Harris, Thomas A. 1992, *Ich bin o.k. Du bist o.k.*
Hessel, Stèphane / Morin, Edgar, 2012, *Wege der Hoffnung*
Hofstätter, Peter Robert, 1961, *Gruppendynamik,*
Höhler, Gertrud, 2006, *Jenseits der Gier*
Hüther, Gerald, 1997, *Biologie der Angst,*

Jakobs, Hans Jörg, 2016, *Wem gehört die Welt?*

Karstädt, U., 2009, *Das Dreieck des Lebens*
Kehr, Hugo M., 2004, *Motivation und Volition*
Klein, Stefan, 2002, *Die Glücksformel*
Kudel, W.D., *Lehrbuch der Psychologie*
Küenzelen, Gottfried, 1997, *Der Neue Mensch*

Lorenz, Konrad, 1981, *Der Abbau des Menschlichen*

Maaz, Hans-Joachim, 2014, *Die narzisstische Gesellschaft*

Marx, Karl, 1867, *Das Kapital*
Marcuse, Herbert, 1961, *Versuch über die Befreiung*
Mitscherlich, Alexander, 1972, *Massenpsychologie ohne Ressentiment*
Mitscherlich, Alexander, 1973, *Auf dem Weg zur vaterlosen Gesellschaft*

Pikitty, Thomas, 2016, *Der Kapitalismus des 21. Jahrhunderts*

Rosenberg, Marshall B., 2001, *Gewaltfreie Kommunikation (neue Wege in der Mediation)*
Rosenberg, Marshall B., 2004, *Gewaltfreie Kommunikation*
Rust, Serena, 2008, *Wenn die Giraffe mit dem Wolf tanzt*
Roger, Carl C., 1961, *Entwicklung der Persönlichkeit*
Roger, Carl C., 1980, *Der neue Mensch*
Röhrig, Lothar, 2016, *Anna dreht sich nicht um*
Röhrig, Lothar, 2016, *Glück finden*

Sader, Manfred, 1980, *Psychologie der Persönlichkeit*
Servan-Schreiber, David, 2006, *Die Neue Medizin der Emotion*
Sprenger, Bernd, 2008, *Im Kern getroffen*
Schelter, Daniel, 2017, *Eiszeit in der Weltwirtschaft*
Schmidt-Salomon, Michael, 2014, *Hoffnung Mensch*
Schmidt-Salomon, Michael, 2016, *Jenseits von Gut und Böse*
Schmid, Wilhelm, 2013, *Dem Leben Sinn geben*

Wagenknecht, Sahra, 2011, *Freiheit statt Kapitalismus*
Watzlawick, Paul/Beavin, Janet H./Jackson, Don D., 1969, *Menschliche Kommunikation*

Weiter Bücher des Autors, die interessant sein könnten, lesen Sie dazu auch die Bewertungen der bisherigen Leser z.B. bei amazon und schreiben Sie gegebenenfalls auch einen Beitrag, um die Ideen zu fördern.

Anna dreht sich nicht um

auf ihrem Weg vom Haben zum Sein
Beziehungen ohne Gewalt

Dies ist die Geschichte von Anna. Sie ist eine moderne, intelligente Frau, führt ein „normales" Leben, bis sie erkennt, dass ihre persönliche Entwicklung stagniert und die Veränderungen der Gesellschaft ihr zu viel Kopfzerbrechen bereiten. Energiegeladen und hartnäckig beschäftigt sie sich in den folgenden Lebensjahren mit aktuellen Problemen des Zusammenlebens und der persönlichen Entfaltungsmöglichkeiten. Sie durchlebt die wichtigsten Entwicklungsschritte, um eine neue zwischenmenschliche Qualität zu erreichen, die Ihresgleichen sucht. Bewundert und hoch geachtet wird sie ein nachahmenswertes Modell und ein Vorbild für nahezu alle Bekannten. Sie hinterlässt in ihrer Familie und in der Arbeitswelt ein Muster, das ein menschengerechteres Zusammenleben möglich macht. Dieses Buch ist eine Geschichte, jedoch auch eine praktische Anleitung über individuelle Entwicklungsmöglichkeiten für moderne Menschen, die eine menschengerechtere Zukunft und gewaltfreie Beziehungen erhoffen, über Freiheit, Selbstverwirklichung und Zufriedenheit. Anna lädt ein auszuwählen, zu spüren und mitzumachen.

Neu daran ist, dass es stringent auf die heutigen Möglichkeiten des "modernen" Menschen abgestimmt ist. Wenn man so will, eine Art Kursbuch für persönliche Entwicklung und Entfaltung, für Glück und Zufriedenheit. *Es ermöglicht dem Leser oder der Leserin, Einzelheiten zu erkennen, deren Nutzen zu begreifen und die ersten individuellen Schritte für eine persönliche Umsetzung einzuleiten. Als Nebeneffekt entsteht dadurch auch eine konkrete Idee von einer anderen Form des Zusammenlebens.* Es wird offensichtlich, dass eine gewaltlose soziale Lebensform in der Zukunft möglich wird, die wir dringend nötig haben.

ISBN 978-3-7412-2667-0 =   9,95 €;
Kindel Edition: 4,99 €

Glück finden

Suche nach einer angemesseneren Form des Zusammenlebens in der Zukunft

Wie bleibt der Mensch frei und unabhängig, obwohl er in der Gemeinschaft leben und Rücksicht nehmen muss? Wie muss dieses Zusammenleben persönlich, wirtschaftlich, politisch ausgeprägt sein, um damit zufrieden und glücklich sein zu können? Welche Möglichkeiten gibt es hier und heute, so etwas umzusetzen?

Solche Fragen werden in diesem Buch beantwortet und mit jedem »Sehen« und »Kennenlernen« werden Sie als Leser weitere Schritte und Wege für eine menschlichere Zukunft erkennen. Sie sehen und verstehen die Dinge um Sie herum besser, für Sie und andere werden völlig neue Wege möglich. Ungeahnte Chancen tauchen plötzlich auf und können genutzt werden. Eine menschengerechtere Gesellschaft wird möglich.
Viel Erfolg!

ISBN 978 3 7412 22467	= 19,95 €
Kindel Edition	= 4,99 €

POLIZEI

Ein zweites Curriculum

Die meisten Menschen wünschen sich eine gute Polizei. Sie fordern damit eine moderne, wirksame und angepasste Organisation und eine optimale Ausbildung für einen Beruf, der zu den schwierigsten und anspruchsvollsten gehört. Es ist nicht damit getan die Rechtsgebiete zu erlernen. Die vielfältigen Aufgaben und Anforderungen der modernen Zeit erfordern eine unüberschaubare Menge an sehr speziellen Zusatzqualifizierungen. Dieses Buch beschreibt davon einen Teil, der normalerweise nicht beachtet wird. Mit anderen Worten: Sie finden hier ein *zweites Curriculum* mit Inhalten, die die Effizienz, die Bürgernähe, die Sicherheit und letztlich auch die Arbeitszufriedenheit erheblich verbessern können. Damit sind Voraussetzungen beschrieben, die es dem einzelnen Beamten und der einzelnen Beamtin ermöglichen, berufliche Zufriedenheit und eine beeindruckende und außergewöhnliche Berufsqualität zu erlangen.

ISBN 9783741253072   = 9,95 €
Kindel Edition   = 2,99 €

Erste Stimmen zu diesem Buch:

„Ein ansprechendes und fesselndes Werk, das dazu anregt, sich mit gesellschaftlichen Themen zu beschäftigen. Der Text richtet sich an ein breites Publikum, vor allem aber an Leser, die wirklich etwas bewegen wollen."

„Wie bleiben wir frei und unabhängig, obwohl wir in einer Gemeinschaft leben und Rücksicht nehmen müssen? Wie können wir dieses Zusammenleben, unsere Beziehungen, unsere Familien- und Arbeitsverhältnisse so gestalten, dass wir uns damit wohlfühlen? Dieses Buch liefert realistische und machbare Beispiele."

„Ich hatte häufig das Gefühl, da steht genau das was ich bisher ungeordnet schon gedacht habe, es ist so eine Art Geburtshilfe."

„Die Ausführungen machen zunächst betroffen, in der zweiten Hälfte löst sich alles auf und es entstehen viele gute Ideen für eine persönliche Weiterentwicklung und Hoffnung keimt."

Neben der offensichtlich immensen Erfahrung des Autors fließen auch Erkenntnisse der Gruppendynamik, der modernen Verhaltenspsychologie und der Naturwissenschaften mit ins das Werk ein, das nach einer Schilderung der Kakaphonie der Bedingungen, die das heutige menschliche Handeln konstituieren, schließlich in einem Manifest zur Selbsterziehung des Menschen mündet.

„Dem Autor gelingt es, quasi en passant, neben modernen verhaltensökonomischen Erkenntnissen vor allem Dingen entscheidende Grundlage der Motivations- und Konflikttheorie zu vermitteln."[176]

---

[176] Auszüge aus Briefen und Rezensionen

Weitere Stimmen zu diesem Buch:

Ein Werk, lesbar und dennoch von erheblicher wissenschaftlichen Qualität, das im Zeitalter grassierender copy-paste-Konvolute nur umso höher einzuschätzen ist, nicht zuletzt schon deshalb, weil die Fülle und Qualität der Quellen und der Verweistechnik in der Tat bemerkenswert sind und zum weiteren Studium einladen.

„Ich habe mich entschlossen, dieses Buch bei jeder Gelegenheit zu verschenken!"

Dieser Inhalt hat sehr viel Ähnlichkeit mit Erich Fromms *Haben oder Sein* und *Ende oder Wende* von Erhard Eppler. Anscheinend ist es immer noch erforderlich, nach mehr als 30 Jahren, auf die zu erwartenden Folgen hinzuweisen."

Ein lesenswertes Buch, das- zunächst Fakten und globale Tendenzen in Erinnerung ruft,- Charakteristika unserer Konsum-und Wegwerfgesellschaft aufzeigt,- bekannte Philosophen zitiert,- Anleitungen zu Reflexionen und Tipps anbietet- die Notwendigkeit einer gewaltfreien Kommunikation darstellt für mehr Zufriedenheit, Glück und Selbstverwirklichung in dieser bedrohten Welt.

Das 3. Buch des Autors nach "Glück finden" und "Anna dreht sich nicht um" ist auch das unbequemste. In der ersten Hälfte beschreibt der Autor, sehr gut recherchiert, die Missstände unserer heutigen Gesellschaft, und zwar in jeder Hinsicht, und ihre Auswirkungen auf den Menschen und die Natur. Es macht keinen Spaß, so deutlich vor Augen geführt zu bekommen, dass wir unseren Planeten Erde und uns mit fast zerstört haben, und man ist versucht, das Buch zur Seite zu legen, vor allem dann, wenn es sich um Urlaubslektüre handelt. Aber der Titel "Ruin oder Erneuerung" und das so wunderbare Titelbild mit dem zarten Vergissmeinnicht-Pflänzchen machen neugierig auf die zweite Hälfte des Buches. Und dort erfahren wir, dass es tatsächlich einen Hoffnungsschimmer gibt, wenn wir bereit sind zu geistiger Beweglichkeit, Kreativität und kognitiver Wachheit und Bildung, d.h. bereit dazu, gegen den Strom zu schwimmen, und zwar indem wir ei uns anfangen, indem wir jeden Tag ein wenig bewusster gestalten.

Insofern ist dieses Buch ein dringend notweniger Appell, eine Einladung und Inspiration zu mehr Lebensqualität, die uns wiederum zu glücklicheren Menschen macht und unser Überleben auf dem Planeten Erde so sichern kann. Dieses Buch ist ein **"Muss"** für jeden mündigen Bürger!